Fier d'être arabe et chrétien

SAID OUJIBOU

Entretien avec Paul OHLOTT, journaliste

Préfaces de Louis Daufresne, Antoine Nouis, Patrick Giovannoni, Carlos Payan, Alain Noël, Claire et Jacques Poujol ainsi que de Frère Smaïl

EDITIONS PREMIERE PARTIE

Photo : Sophie Chivet – © Saïd Oujibou
Couverture : Mike Stefanini – www.atomike-studio.com
Composition : Editions Première Partie, Paris, France

Imprimé en France
Dépôt légal : 2ème trimestre 2010
ISBN 978-2-916539- 43-0

Préface de Louis Daufresne

Les voies du Seigneur, si elles sont impénétrables, ne sont pas invisibles. C'est même le propre d'un chemin de conversion que de révéler la puissance du Christ. Comme « Son joug est doux et Son fardeau léger », les âmes qu'Il consume se voient renaître en pleine lumière. Et le monde, stupéfait, s'en trouve ébloui.

Je n'ai connu Saïd Oujibou qu'en avril 2009, en ce jour où il franchit le seuil du studio pour venir témoigner, un matin, à l'heure des laudes. Voilà sans doute, me disais-je, un personnage qui vit ce qu'il dit. Et de fait, son ardeur électrisa l'antenne pendant quarante minutes. Le pape Paul VI ne soulignait-il pas que l'homme contemporain écoute plus volontiers les témoins que les maîtres ? Bien sûr, à mon sens, l'un ne saurait exclure l'autre. D'ailleurs, quel esquif, chahuté par l'océan de la mondialisation, songerait à se priver de la boussole de son vaisseau-amiral, l'Église, « experte en humanité », et de sa tradition, gouvernail du discernement ?

Néanmoins, si la fidélité a une autorité juchée sur la profondeur des siècles, si le recours au temps long de l'intelligence, éclairent le jugement et dissipent l'erreur, ils ne suffisent pas.

La foi, c'est d'abord une rencontre. C'est sur ce terrain-là que le témoignage de Saïd Oujibou dégage toute sa puissance. Ici, on prend conscience de la force d'attraction du christianisme. L'intimité avec Dieu et l'assurance du salut provoquent un embrasement de l'âme, une découverte de la Liberté – la vraie – celle qui, toute intérieure, fait changer la vie tout autour.

Ce cataclysme, Saïd Oujibou en décrit les secousses et les répliques au fil d'un entretien trépidant, sans fard ni démagogie. Ainsi «retourné», le jeune homme aspire à quitter l'islam. On lira scrupuleusement tout ce qui est relaté à ce sujet. L'histoire de sa sœur – qui l'a précédé dans la foi chrétienne et lui ouvrit le chemin – tient de l'épreuve autant que de l'exemple.

Mesure-t-on seulement le courage qu'il a fallu ? Là-bas comme ici, ceux qui suivent Mahomet ne voient pas l'islam comme une option. L'abandonner relève de la haute trahison et embrasser le christianisme revient à changer de camp. Le châtiment se résume à la mort sociale et souvent à la mort tout court. Saïd Oujibou, déjà regardé en France comme étranger, prit le risque de se retrouver seul au milieu des siens, et même, plus précisément, contre eux.

Un tel déchirement, très présent tout au long du livre, ne laissera pas le lecteur indifférent. Avec le recul, celui-ci pose la question de la distinction entre la foi et l'identité. En effet, l'islam offre ici un cadre culturel reposant sur la solidarité et les rituels au sein de l'oumma, la communauté de croyants. Saïd Oujibou en souligne bien des aspects positifs.

Si cette cohésion permet de se poser face à l'Occident, l'habillage, pour ne pas dire le verrouillage identitaire, traduit en fait une fragilité et une incapacité à répondre aux interrogations de l'esprit humain. « L'âme est naturellement chrétienne », affirmait Tertullien, père de l'Église issu d'une famille berbère païenne. Sur les rives de Carthage, le témoignage de Saïd Oujibou, à plusieurs siècles de distance, fait déjà écho à cette écologie de la foi.

Louis DAUFRESNE
Rédacteur en chef de Radio Notre-Dame
www.radionotredame.com

Préface d'Antoine Nouis

La fierté est souvent un trait de caractère que l'on prête aux arabes. Avec Saïd, il ne s'agit pas d'orgueil mais de reconnaissance. Reconnaissance envers la culture arabo-musulmane dans laquelle il a grandi et reconnaissance envers le Christ en qui il a découvert sa véritable identité.

L'auteur n'est pas un arabe honteux et dans les premiers chapitres, il a su nous montrer tout ce que sa tradition avait de riche et de positif. Saïd ne tombe pas dans le piège qui consisterait à dénigrer l'islam pour mieux mettre en valeur sa foi chrétienne. Il montre ce que cette religion a de grand mais il montre aussi ce qui lui manquait et qu'il a découvert lorsqu'il a été subjugué par l'amour du Christ. S'il n'est pas un arabe honteux, Saïd n'est pas plus un chrétien honteux. On découvre dans ce livre, le témoignage d'un homme habité par le zèle de l'Évangile et par le désir de témoigner, notamment auprès de ses frères qui ont grandi dans l'islam.

J'ai connu Saïd Oujibou alors que j'étais responsable à la Fédération protestante d'un groupe de travail qui réfléchissait à l'accueil des groupes et Églises issus de l'émigration. Il a su ouvrir mon cœur à la situation particulière des chrétiens qui ont quitté l'islam pour embrasser la foi chrétienne. Jusqu'à maintenant, l'ouverture se faisait principalement vers les Églises africaines, antillaises ou asiatiques, il a été l'artisan d'un nouvel élargissement prenant en considération les chrétiens originaires d'Afrique du Nord et du Moyen-Orient. À cette époque, j'étais pasteur dans une église réformée des beaux quartiers parisiens. Le jour où j'ai quitté ce poste pour prendre la responsabilité pastorale d'une église de banlieue, je lui ai demandé de nous présenter son spectacle *Liberté, égalité, couscous.* Je peux certifier qu'il ne touche pas que les populations des banlieues comme il le dit dans ce livre, mais que son témoignage peut interpeller des chrétiens bien installés dans la société.

Ce livre d'entretiens raconte le parcours d'un enfant de trois ans et demi qui quitte un bidonville marocain pour arriver en France, dans une HLM des Vosges. Le voyage n'a pas été que géographique, il a aussi été social, culturel et finalement… spirituel. L'Évangile est entré dans sa famille à travers sa sœur aînée qui a rejoint une église évangélique. Ce livre rend hommage à cette sœur qui a su être un témoin de l'Évangile malgré le rejet des siens. À son contact, Saïd a rencontré l'amour de Dieu, même s'il lui a fallu des années pour l'accepter pleinement.

Dans l'Épître aux Galates, lorsque l'Apôtre Paul parle de sa conversion, il dit : « quand celui qui m'a mis à part dès le sein de ma mère (…) a trouvé bon de révéler en moi son fils[1] (…) ». À partir de sa conversion, Paul a relu son histoire et il a découvert que le Dieu de Jésus-Christ était au plus près de lui depuis sa plus tendre enfance. Il en est de même avec Saïd qui nous montre par touches successives comment sa conversion à l'âge de vingt et un ans a été précédée d'une présence de Dieu à ses côtés tout au long de son enfance.

Dans un de ses livres, le théologien orthodoxe Olivier Clément raconte l'anecdote suivante. Un peintre a déployé son chevalet sur un chemin pour peindre un arbre qui se trouve dans un pré. Un enfant passe et interroge l'artiste : « Pourquoi peins-tu cet arbre, puisqu'il est là ? ». Le peintre répond : « Pour que tu le vois ! ». Le propre des artistes est de nous aider à voir ce que nous avons devant les yeux, et dans ce registre, Saïd est un artiste de l'Évangile. Parfois, lorsque nous sommes chrétiens depuis un certain temps, nous avons tendance à oublier l'essentiel et à nous habituer à l'amour de Dieu. L'intérêt des livres de témoignages, surtout lorsqu'ils viennent d'hommes et de femmes qui ont été élevés loin de la foi chrétienne, est de nous rappeler le caractère étonnant d'un Dieu qui s'est fait proche de l'humain, d'un Dieu qui est d'abord et avant tout un Dieu d'amour. Dans son témoignage, Saïd est cet artiste qui nous révèle ce que nous savons mais que nous avons toujours besoin de réapprendre.

La seconde partie du livre parle de l'islam et du regard qu'un chrétien évangélique porte sur cette religion. Tous les sujets d'actualité sont abordés, de l'apostasie à la situation des chrétiens dans les pays

[1] Ga, I, 15-16

musulmans, et de l'antisémitisme à l'entrée de la Turquie dans la Communauté européenne.

Depuis que je suis pasteur de banlieue, je vis au quotidien la rencontre avec l'islam. Je découvre sa diversité et je mesure l'importance de trouver une juste relation, qui soit à la fois authentique et évangélique. Par son témoignage, Saïd aide à trouver ce juste chemin, respectueux et vigilant.

Les questions que posent ce livre ne concernent pas que les autres, elles sont aussi adressées aux Églises, à leur témoignage et à leur capacité à accueillir, et à confier des responsabilités, à des personnes originaires d'autres cultures. En tant que responsable, je reçois ces interpellations et je m'interroge sur ma propre Église. Merci à Saïd et à son livre de nous rappeler le défi d'une Église au sein de laquelle il n'y aura vraiment plus ni Juifs ni Grecs car l'identité donnée en Christ sera première par rapport à toutes les distinctions sociales de notre monde.

Antoine NOUIS
Pasteur de l'Eglise réformée de France à Villeneuve-saint-Georges
Membre du conseil de la Fédération protestante de France
Conseiller théologique du journal *Réforme*
Auteur de plusieurs livres[2]

---

[2] dont *Un catéchisme protestant* et *La foi expliquée à mon gendre agnostique*

Préface de Patrick Giovannoni

Saïd fait partie des personnes que j'affectionne tout particulièrement. Nos routes se sont tellement croisées sans que nous ayons pris rendez-vous. Je me suis retrouvé avec lui en Israël, à la première de son One Man Show, à la même table en Corse avec nos familles respectives, dans la même taverne en Lorraine, dans les mêmes salons à Paris ou en Province, et à bien d'autres endroits encore. Parfois, nous nous croisons sans nous voir parce qu'il est passé au même endroit que moi une semaine avant ou quelques jours après. À chaque fois que je me suis retrouvé auprès de lui, j'ai eu le même émerveillement. Nous sommes véritablement de la même famille.

Lorsque j'ai appris que mon nom faisait partie des personnes que Saïd avait sollicitées pour préfacer son ouvrage, j'en ai été très honoré et j'ai accepté de le faire à la condition de pouvoir préalablement lire son manuscrit. En effet, ceux qui connaissent Saïd Oujibou savent qu'il ne fait rien sans avoir un message à transmettre et je voulais le connaître.

Quel talent ! Ce livre n'est pas seulement le témoignage d'une conversion, il est aussi un merveilleux *Vade Mecum* pour apprendre à connaître les souffrances et les difficultés de nos amis, voisins, collègues de travail, issus de l'immigration ou de la colonisation. J'ai passé toute mon enfance dans les banlieues parisiennes les plus difficiles, et notamment, en Seine-Saint-Denis. Mes amis s'appelaient Jean-Pierre, Philippe ou Pascal, mais aussi Adj, Kader ou Mohammed. Nous avons fait les 400 coups ensemble et nous avancions vers le même inconnu. Pendant l'adolescence, certains ont connu des destins tragiques, séjours en prison à répétition, suicides ou décès suite à overdose. D'autres, comme moi, ont pu trouver une échappatoire. Le mien c'était l'armée avec une carrière de pilote de l'aéronavale.

Malgré cette enfance passée au milieu de jeunes d'origines diverses, je suis convaincu que la société nous apprenait à avoir de la distance les uns envers les autres. Sous l'égide de l'humour nous nous bombardions d'insultes racistes et antisémites qui n'avaient comme seule finalité de blesser l'autre entraînant chez chacun un sentiment de rejet.

Avec des mots justes et profonds, Saïd arrive à nous faire prendre conscience qu'au fond, tant que nous n'avons pas été touchés par le Saint-Esprit, il est difficile d'aimer profondément celui qui nous a été présenté comme «différent».

Ce livre est à mettre entre toutes les mains et notamment entre les mains des hommes et des femmes engagés en politique. Il permettra d'éviter cette erreur constante qui consiste à vouloir apporter une solution matérielle à ceux qui réclament de la considération, du respect et de la dignité. Aucun problème relationnel ne peut être réglé si au préalable il n'y a pas une volonté d'aimer l'autre. L'amour entraîne l'écoute, l'écoute entraîne la compréhension, et la compréhension amène les solutions. Tant que certaines populations ne seront pas écoutées, elles feront tout pour se faire entendre.

Patrick GIOVANNONI
Président fondateur du Parti Républicain Chrétien
www.prc-france.org

Préface de Carlos Payan

Pavillon Baltard 2004, en pleine période de troubles dans les banlieues de France, lieu mythique, connu du grand public pour l'émission *La Nouvelle star*. Mais, ce jour-là, pas de paillettes ni de masques : les murs résonnent des accents du bled, la différence est dans les mots et les gestes posés. Plus de 2 500 chrétiens réunis (catholiques, protestants, évangéliques et juifs messianiques) s'étaient donné rendez-vous pour vivre dans l'unité et la prière, un temps de guérison des vies, des corps et pour beaucoup d'entre eux, d'une mémoire douloureuse.

Saïd va droit au but, sans détour ni langue de bois, il lance comme des flèches qui apaisent les cœurs meurtris, les consciences et les vies. Il demande pardon à la multitude qui répond par des silences bouleversés par son humilité, des cris jaillissent devant sa main tendue, des larmes coulent devant ces paroles prononcées par une bouche débordante d'un cœur rempli d'une rencontre inoubliable. Saïd a laissé le Christ Jésus bouleverser sa vie, non sans risque.

À son tour il bouleverse les nôtres non sans réaction, il est bel et bien un provocateur de l'amour, il aime son peuple et nous le partage, il nous bénit et nous lui sommes reconnaissants. Il danse à l'orientale avec son épouse et s'approche de la foule avec respect, il descend même pour un contact physique.

Saïd n'est pas le « gentil beur de service » dans l'Église, il est un véritable serviteur de Dieu pour le bien de toute l'Église, la différence est de taille. Vous l'aurez compris, voilà les ingrédients prophétiques d'un portevoix en terre d'asile. Accueillir l'étranger comme l'aurait fait le Christ, Saïd ne nous fait pas la morale, il montre l'exemple.

Alors va mon grand frère, la cohorte de ceux qui prient est en marche pour cette mission délicate dans notre beau pays de France qui, comme jamais dans son histoire, doit être évangélisée et guérie par l'amour.

L'Afrique du Nord a été chrétienne avant nous, elle a vu dans son sein des hommes de foi comme saint Augustin. Il en reste des semences évidentes dans ta vie, elles portent des fruits à temps et à contretemps. Notre image du gars de banlieue en prend un sérieux coup car tu montres, une fois encore, que Dieu choisit des hommes sages à ses yeux et fous pour ceux qui ont une lecture raccourcie.

Les chemins de Dieu ne sont vraiment pas les nôtres et tant mieux, Il appelle et tu as répondu, sois béni Saïd.

Carlos PAYAN
Pasteur et fondateur de Paris Tout Est Possible
www.paristoutestpossible.org

Préface d'Alain Noël

Comme dans toute véritable histoire d'amour, le tragique guette. Quand cette histoire d'amour concerne un cœur à cœur avec Dieu, elle vous renvoie aux choix les plus ultimes : « Celui qui ne me préfère pas à son père, sa mère, ses frères, ses sœurs et même sa propre vie – on pourrait rajouter dans le cas de Saïd, sa religion –, n'est pas digne de moi ». (Luc, XIV, 26).

On pouvait penser que nos sociétés européennes bien huilées n'obligeaient plus à vivre la radicalité de certains versets bibliques tant ils paraissaient caducs par la magie du consensus mou à la française ; dans cette société où l'on ne meurt plus de sang versé mais de vie étouffée dans le silence moite de nos appartements surchauffés.

Tout à coup dans la vie de Saïd et de sa sœur, ils reprennent toute leur vigueur ! Les 2000 ans de christianisme soudain s'évaporent, nous nous retrouvons contemporains du Christ, l'exigence est là, plus vivante que jamais, plus efficace, plus tranchante qu'une épée à deux tranchants, faisant jaillir la vérité comme le sang d'un agneau immolé.

Ce même agneau est, pour un temps, descendu de la croix pour être sacrifié dans une baignoire ; reniant par méconnaissance tout le drame cosmique de l'ultime sacrifice de la Pâque vécu dans la chair et le sang de l'Homme. Drame à nouveau transféré sur un animal que l'enfant Saïd contemple comme un geste salvateur ignorant encore, qu'un jour, il découvrira le véritable agneau qui le sauvera par son sang. Il ne sera plus question pour lui de sacrifier un animal, mais de se sacrifier lui-même ; ça, Saïd le comprendra quand il devra choisir entre ceux qu'il aime – sa famille – et Celui qui est l'Amour, le Christ. Le drame demeure entier : « L'amour n'est pas aimé ».

Quand amour et vérité se rencontrent, Ô insolence !
Naît un Saïd Oujibou.
Quand justice et paix s'embrassent, Ô indécence !
Naît un Saïd Oujibou.
Quand amour et vérité, justice et paix s'unissent, Ô délivrance !
Meurt un Saïd Oujibou.
Renaît un chrétien comme nous le montre ce livre.

Le Christ a porté après sa résurrection ses stigmates, sources de la grâce, comme preuve du chemin étroit qu'il a emprunté pour nous sauver ; de même Saïd porte les stigmates de ses blessures mais, comme le dit le prophète Isaïe, « c'est par ses meurtrissures que nous sommes guéris ».

Nous pouvons rendre grâce à Dieu qui lui permet de faire ce beau témoignage de foi et unir nos cœurs pour que son ministère de pasteur soit source de guérison et de paix.

Alain NOEL
Editeur, auteur[3]*, fondateur* de la Fraternité sainte Croix
www.presses-renaissance.fr

[3] *La puissance des divines promesses*, Presses de la Renaissance, 2009

Préface de Claire et Jacques Poujol

Derrière un livre, toujours, il y a l'homme. On peut lire *Fier d'être arabe et chrétien* pour rencontrer Saïd Oujibou, le découvrir, le questionner, l'aimer, peut-être. Mais nous croyons que derrière *l'écrit*, il y a *les cris* de souffrance, d'interrogation, d'interpellation, d'espérance aussi. Derrière ce livre, il y a l'homme, le croyant, le chrétien Saïd, notre ami Saïd.

Avec lui, à cause de son histoire, nous assistons à la rencontre du familier et de l'étranger. Familier, parce que tout en étant profondément humain, il témoigne de la foi chrétienne que nous partageons. Étranger, du fait de son cheminement familial et personnel, de son exil, de sa culture. Alors, plus qu'à une rencontre, à un dialogue, c'est à un *métissage* qu'il nous appelle, selon l'expression du philosophe Michel Serres, un métissage où *l'un n'est pas sans l'autre*. Ce métissage, c'est l'accueil dont Jésus parle dans l'Évangile, où non seulement nous donnons à l'autre quelque chose de nous, mais aussi où *nous nous laissons changer* par l'autre. Recevoir l'autre, c'est tisser avec lui quelque chose de nouveau dans notre identité même.

Mais plus encore, Saïd, en te lisant, nous nous rendons compte que l'étranger, cet « étrange étranger » (Jacques Prévert), *c'est en nous qu'il vit* ! Et cela, nous ne l'acceptons pas toujours facilement… Découvrir que nous sommes étrangers à nous-mêmes, est toujours un moment étonnant. C'est peut-être pour cela que certains préfèrent *projeter* cet étranger découvert en eux, *sur l'autre*, l'étrange qui vient d'ailleurs. C'est plus facile de lui « faire une place », à cet étranger, que d'être à l'écoute de l'étranger qui vit en nous, et que toi, Saïd, tu nous révèles !

Saïd et Fatima, pour tout cela, merci.

Claire Poujol, *psychothérapeute* sur www.relation-aide.com
Jacques Poujol, *pasteur, psychothérapeute, formateur*

Préface de Frère Smaïl

C'est une grande joie et un honneur pour moi de préfacer ce livre bouleversant du témoignage d'un enfant maghrébin musulman de nos banlieues et de sa famille, converti à Jésus. Avec truculence et humour, avec tant de sincérité et de vivacité, Saïd nous partage sa saga personnelle et les voies de l'Éternel pour le conduire aux sources vives du Salut.

Alors que des siècles durant, les milliers de missionnaires déployés par l'Église, des premiers franciscains jusqu'aux pères blancs, récoltèrent si peu de fruits (au point que l'on disait les musulmans intouchables) et que ce zèle apostolique et missionnaire s'est le plus souvent éteint depuis quelques 50 ans, c'est maintenant que l'Ésprit Saint agit directement dans les cœurs et les consciences de milliers sinon de millions de musulmans pour les attirer vers le Christ Sauveur, Sidna 'Issa. Car à Dieu rien n'est impossible et sa puissance se déploie dans nos faiblesses. Et quelles faiblesses !

Alors que l'islam, deuxième religion mondiale, mais première par sa croissance, imprègne si fortement les consciences de ses fidèles, une espérance, inouïe et inattendue se lève ! Des déserts de l'Arabie aux sommets de l'Atlas, mais aussi jusque dans nos banlieues de Lyon, Marseille, Lille ou Paris, malgré des persécutions souvent violentes, tant de nos sœurs et de nos frères sont saisis irrésistiblement par Christ. Voici le témoignage de l'un d'entre eux.

Frère Smaïl
Moine apostolique et prêtre catholique algérien de la communauté StJean
Professeur d'histoire, de philosophie,
de théologie et de sciences humaines

Introduction

Du jour au lendemain, le jeune Saïd est arraché du bled, pour venir s'installer au fin fond de la Lorraine, à Charmes, dans le cadre de la nouvelle loi sur le regroupement familial. Déchiré par ce bouleversement, Saïd se réfugie tout naturellement dans sa pratique de l'islam. Sa religion, héritage de son Maroc natal, lui permet alors de garder de précieux repères, tandis qu'il traverse une crise identitaire. Mais au fil des années, frappé de plein fouet par l'hostilité occidentale et la pression permanente des islamistes, Saïd s'engouffre rapidement sur de mauvais chemins, jonchés de violences et de trafics en tout genre.

Inexorablement, ces mauvais chemins le conduisent à un profond désespoir. À 21 ans, lassé d'accumuler bagarres et déceptions, Saïd broie du noir. Les « cuites » hebdomadaires en boîte de nuit, tout comme sa consommation de shit, ne parviennent ni à étancher sa soif spirituelle, ni à soigner ses nombreuses blessures. Bien au contraire, cet engrenage infernal le tire de plus en plus vers le bas, pour finir par l'entraîner, au fond du trou. C'est alors que contre toute attente, ce Dieu qu'il pensait être inaccessible, le rejoint au fond de ce trou, pour l'inviter à changer de vie et à servir le Christ.

S'ils sont aujourd'hui plus de 10 000 musulmans à être devenus chrétiens en France, ils n'étaient que très peu nombreux à cette époque. En réalité, Saïd fait partie de la première génération de français d'origine maghrébine à se tourner vers le Christ. Que s'est-il donc passé pour qu'un tel miracle se produise en Lorraine, et plus précisément à Saint-Dié-des-Vosges ? Qui est donc ce Dieu, capable de transformer un pitbull des banlieues en un bouillant évangéliste que rien ne semble pouvoir arrêter ?

Après Freddy De Coster [4] et Carlos Payan[5], c'est au tour de Saïd Oujibou de répondre à mon interrogatoire ! Si vous êtes en quête de vérité, je suis

---

4 *L'autorité, les dérives, la liberté dans l'Eglise : à votre avis ?*, Manna Diffusion

5 *La guérison divine au 21e siècle. Vos doutes, mes certitudes,* Première Partie

certain que son histoire ne manquera pas de vous interpeller. Au fil des questions, Saïd nous dévoile son parcours, ses difficultés, sa foi et sa passion pour l'annonce de la Bonne Nouvelle de Jésus-Christ. À l'écouter, plus les quartiers sont « chauds », plus la détresse est grande et plus les cœurs sont ouverts au message de l'Évangile. D'ailleurs, à ses yeux, ce ne sont pas des commissariats de police qu'il faudrait dans les zones difficiles, mais des églises de proximité !

Pourquoi affirme-t-il que l'Évangile est le seul espoir de nos banlieues et comment procède-t-il à ce changement des cœurs ? Nicolas Sarkozy a-t-il été inspiré en créant le Conseil Français du Culte Musulman (CFCM) ? L'islam de France est-il un projet perdu d'avance ? L'islam est-il une religion antichrétienne ? Faut-il s'inquiéter de l'entrée de la Turquie au sein de l'Union européenne ? Les chrétiens, et notamment les protestants évangéliques, pècheraient-ils par un excès de spiritualité, au point de négliger l'importance d'un engagement social ? Pourquoi les chrétiens brillent-ils par leur absence dans ces quartiers difficiles ? ...

Consultant en violence urbaine, conférencier et enseignant en islamologie, le pasteur Saïd ne se contente pas de nous raconter son cheminement, mais s'il m'a donné carte blanche pour l'interroger, c'est en vue de nous apporter des réponses et des éclaircissements aux principales questions d'actualité.

Vous avez été nombreux à apprécier mes précédents entretiens. Par conséquent, je suis persuadé que ce nouveau livre ne vous laissera pas indifférent.

Cher lecteur, chère lectrice, je vous souhaite une lecture tout aussi passionnante qu'enrichissante !

Paul OHLOTT
Journaliste
www.actu-chretienne.net

Présentation des auteurs

SAID OUJIBOU est consultant en violence urbaine, conférencier et enseignant en islamologie. Il travaille depuis une quinzaine d'années dans les quartiers difficiles en France, ainsi que dans de nombreux pays. En 2008, il fonde l'Union des Nord-Africains Chrétiens de France, afin de donner de la voix à une minorité méconnue et ignorée.

En mai 2009, par le biais de cette Union, il organise la première Conférence Européenne des Chrétiens originaires d'Afrique du Nord et du Moyen-Orient. Plus de 600 personnes participent à cet événement.

PAUL OHLOTT est journaliste pour TopChretien.com, le plus grand portail chrétien francophone sur Internet. Il présente également un *Flash Info* hebdomadaire pour un collectif d'une trentaine de radios et co-anime *Ze Mag*, une émission de télévision diffusée sur la chaîne TBN Europe, le réseau Phare FM et Internet.

Homme de conviction, Paul OHLOTT a travaillé par ailleurs pour de nombreux magazines chrétiens et s'est engagé publiquement, depuis 2006, au sein du Parti Républicain Chrétien (PRC), dans l'objectif de promouvoir les valeurs de l'Évangile.

En juin 2009, il devient le directeur de la rédaction d'un nouveau trimestriel proche du PRC : *Alternative Chrétienne*. Enfin, le journaliste a aussi marqué son territoire dans le monde de l'édition. Ces dernières années, il a co-écrit et préfacé plusieurs ouvrages.

CHAPITRE I

Du bled à la Lorraine

Paul OHLOTT : Saïd Oujibou, en raison de vos origines marocaines, vous êtes né dans une famille musulmane qui vous a enseigné les préceptes de l'islam. Et vous aimiez pratiquer cette religion. Qu'est-ce que cela vous apportait ?

Saïd OUJIBOU : Sur le plan liturgique, la pratique de l'islam m'a enseigné la discipline. Les cinq prières rituelles rythmaient littéralement ma journée. Mais le souvenir extraordinaire que je garde de mon enfance, c'est lorsque je prenais la peau de mouton et que je la mettais en direction de La Mecque. Cet acte tout simple me reliait à mon pays d'origine. Cette reconnexion est essentielle au regard du déchirement intérieur que l'on vit, lorsque l'on se voit contraint de quitter son pays pour la France. J'avais beau habiter dans un bidonville, j'ai vécu ma venue en France comme un déchirement.

Dans la religion musulmane, la fête du mouton (l'aïd-el-kébir) rappelle le sacrifice du fils d'Abraham. C'était un moment très fort. J'accompagnais mon père et l'imam dans les différents villages vosgiens pour trouver un beau mouton. Et là je vous assure, c'était le parcours du combattant. À l'exaltation de la fête se mêlait le tragique, à savoir le mépris et le rejet que nous recevions de la part des Français. J'ai vu mes parents se faire insulter de « sales bougnouls ». J'ai vu des éleveurs sortir leur fusil ou leur fourche, et nous courir après en nous disant de dégager de leur propriété. Certains voulaient nous fourguer de vieilles brebis galeuses, alors que nous cherchions un agneau sans tache et sans défaut. Dans le cas contraire, le sacrifice ne pouvait être agréé par Allah. Lorsque nous trouvions enfin l'animal tant espéré, il fallait nous cacher, car ce sacrifice était interdit par la loi française. C'est d'ailleurs pourquoi nous le faisions dans la cave, en toute discrétion… La municipalité ne mettait absolument rien en place à cette époque-là.

Je me souviens encore très bien de ces moments de fête. Je voyais mon père se saisir du « Genoui » (grand couteau), je saisissais le cou du mouton, nous confessions ensemble qu'il n'y a qu'un seul Dieu, et nous le vidions de son sang en direction de La Mecque. Ma mère prenait un peu de sang et nous en mettait sur le front pour nous assurer la protection d'Allah. Je ne vous dis pas ensuite l'incroyable barbecue que l'on faisait sur le rebord de la fenêtre. On enfumait tous les HLM avec cette bonne odeur de mouton grillé ! On le dégustait avec un bon thé à la menthe et on se régalait pendant trois jours.

Quand je suis devenu chrétien, rien n'a remplacé la fête du mouton, même pas la dinde de Noël ! C'était notre jour férié, c'était notre mardi gras, notre 24 décembre, notre 14 juillet… On invitait nos voisins, c'était la fiesta !

De la même manière, j'aimais particulièrement la période du ramadan. C'était un moment unique. Le seul moment où l'on vivait dans une atmosphère de paix et de convivialité. On invitait la famille, les amis, pour vivre des soirées exceptionnelles. La rupture quotidienne, au coucher du soleil, commençait par la prière de l'ichaa, pour ensuite se poursuivre autour de mets succulents. On retrouvait tous les plaisirs des plats typiques de l'Afrique du Nord. Le ramadan, pour moi, c'était quelque chose de très fort.

Quand on quitte l'islam pour embrasser la foi chrétienne, ces périodes de fêtes provoquent inévitablement un certain vide. Dans le christianisme, même si l'on jeûne ou que l'on pratique le carême, il n'y a pas d'équivalent au ramadan.

Enfin, j'aimais me rendre à la mosquée. Je pratiquais les ablutions (actes de purification), et cela m'enseignait le respect d'Allah. Il était inconcevable de se présenter n'importe comment devant Allah. La mosquée est un lieu de prière, on n'y entre pas sans se purifier au préalable. Dans la mosquée, j'étais stupéfait par la sobriété et l'atmosphère du lieu. Oui, tout cela nous amenait à une profonde attitude de respect et de crainte. Assis en tailleur, à même le sol, je pouvais me reconnecter avec mon bled d'antan. On s'alignait tous comme au gymnase, en direction de La Mecque, l'imam officiait la prière, et nous nous prosternions comme un seul homme en proclamant : « Allah ahuakbar ». Toute cette mise en scène et toute cette liturgie me rassuraient dans mon identité arabo-berbère et musulmane. Et à la fin, on se saluait les uns les autres, comme des frères. La mosquée était ce lieu extraordinaire où je pouvais revoir tous les autres Nord-Africains des alentours.

Bien entendu, tout n'était pas rose pour autant ! Quelques imams des foyers Sonacotra de Mulhouse venaient régulièrement à la maison pour critiquer mon père : « vos filles ne sont pas voilées, vos enfants traînent avec des Français, ils vont devenir des petits Français, il faut qu'ils pratiquent la religion ». Effet immédiat : mon père nous corrigeait avec un zèle inhabituel. Il se saisissait d'une ceinture et courait après nous pour nous contraindre à effectuer nos prières sans attendre. Il fallait voir la scène… On se serait cru au Far West, dans une bataille entre cowboys et indiens ! Avec le recul, tout cela me fait sourire, mais il est évident qu'il ne s'agissait pas d'un jeu. Nous subissions, comme beaucoup d'autres, une réelle pression de la part des islamistes.

P.O. : Quand je vous demande ce que l'islam vous a apporté, vous ne parlez pas beaucoup de Dieu…

S.O. : Non, c'est vrai. Et pourtant, j'ai toujours cherché Dieu et aimé Dieu. J'ai pratiqué l'islam avec force, avec amour, avec conviction et avec tout mon cœur… Tout cela a créé en moi le désir d'une recherche ardente de la présence et de l'action de Dieu dans ma vie. Une recherche qui m'a amené, bien des années plus tard, à rencontrer Jésus-Christ. Vous savez, le problème dans l'islam, c'est que cette pratique rituelle ne nous amène pas à développer une relation et une intimitié avec Dieu. Mes prières étaient belles et adressées avec une réelle sincérité, mais elles étaient mécaniques.

Je ne pouvais pas dire à Dieu que je l'aimais. L'islam n'instaure pas de dialogue entre Allah et le musulman. Il n'y a aucun rapport direct. Dans l'islam, le rapport à Dieu est très limité. C'est un rapport où l'on abdique sans que l'on puisse s'exprimer librement. C'est à mille lieues de la relation « Père-fils » que l'on vit en tant que chrétien. Le fait de rechercher cette intimité est perçu comme un manque de respect, car c'est rabaisser Dieu à la condition humaine. Dans l'islam, considérer Dieu comme un ami est un terrible affront !

P.O. : Vous parlez également de l'importance de toutes ces pratiques pour vous reconnecter au bled. Pourquoi était-ce essentiel, étant donné que vous n'y êtes pas resté très longtemps ?

S.O. : Quand j'ai quitté le bled, j'avais 3 ans et demi, mais je m'en souviens comme si c'était hier. Pour reprendre Charles Trenet, ils me reviennent à la mémoire, ces souvenirs familiers, où nous étions dans ce bidonville, avec tante Ralti, Milouda, Omar, et bien d'autres encore… Nous vivions dans une véritable fraternité avec tous nos voisins.

Mon père, déjà installé en France, venait nous rendre visite une ou deux fois par an. Puis un jour, le gouvernement français a instauré le regroupement familial. Aussitôt, n'ayant pas les moyens d'acheter une valise, ma mère a étendu un grand drap blanc sur le sol du salon, et nous y avons déposé toutes nos affaires. En deux temps trois mouvements, nous avons embarqué dans une charrette tirée par un bourricot sous les cris des pleureuses, puis nous avons pris le train pour nous rendre à Tanger. C'est alors qu'un immense paquebot nous attendait, afin que nous puissions rejoindre la France. J'étais très jeune, mais je voyais tout le monde pleurer. Ce départ m'a bouleversé. C'était interminable et il faisait de plus en plus froid.

Finalement, nous sommes arrivés dans les Vosges en février 1972. Notre père nous attendait dans un appartement HLM. Comparé au bidonville du bled, c'était le luxe ! Il y avait des toilettes dans l'appart ! Au bled, le jardin convenait très bien à nos besoins… Et ce n'est pas tout ! Imaginez un peu, nous avons découvert l'existence de « l'ilictricity » ! Nous étions abasourdis. Nous pouvions nous amuser, pendant de longues minutes, à allumer et à éteindre la lumière, tel Jacquouille la Fripouille dans le film *Les Visiteurs*. C'était tout bonnement extraordinaire ! Pour nous, c'était le Carlton !

Quelques jours plus tard, le rêve se poursuit. À l'instar de Moïse dans le désert, j'assiste à un véritable miracle. Du pain blanc se met à tomber du Ciel ! Ou pour être plus précis, nous voyons des myriades de flocons de neige. Nous sommes émerveillés.

Cependant, au bout de quelques semaines, le bled commence sérieusement à nous manquer. Nos amis ne sont plus là, l'ambiance n'est plus la même. Et du jour au lendemain, on s'est retrouvé paumés au fin fond des Vosges. Vous êtes déjà venu à Charmes ou à Saint-Dié-des-Vosges, M. Ohlott ? Il n'y a personne dans la rue, c'est mort, c'est triste. Un esprit morne et taciturne semble régner dans la région et plus encore en cette saison hivernale. Non seulement, les rares personnes que vous croisez sont complètement différentes de vos voisins du bled, mais pire encore, vous sentez qu'ils jettent sur vous un regard froid, accusateur et désapprobateur.

Au Maroc, j'aimais gambader dehors toute la journée. À Charmes, nous étions prisonniers de notre F4 de luxe. Où était notre oumma (communauté islamique) ? Quel était donc ce quartier où tout était mort ?

Comme vous pouvez aisément l'imaginer, ce bouleversement a marqué mon enfance et laisse des traces indélébiles dans ma mémoire. Oui, même lorsque l'on débarque très jeune, la différence est telle que l'on ressent le besoin de se reconnecter au bled. J'étais comme un orphelin déraciné. L'atmosphère du bled me manquait. Pourquoi était-il venu nous chercher ce maudit bourricot ? C'était vraiment difficile pour moi de quitter le Maroc. Je l'ai vécu comme un déchirement, comme un malheur, comme un échec. Je n'ai pas choisi de venir m'installer dans les Vosges.

De plus, nous étions bien dans notre bidonville. Nous possédions une boutique et du fait que mon père était maçon, nous étions les seuls du quartier à posséder une maison en béton. Sans oublier que nous avions un puits, un amandier et un figuier, dans notre cour intérieure. Oui, nous étions bien dans cette maison. Nous ne connaissions pas tout ce luxe, mais nous ne manquions de rien. Il y avait de l'amour et de la chaleur dans cette maison. Il y avait une bonne odeur de thé à la menthe !

Chez nous, l' « apéro-menthe » durait des heures. D'ailleurs, je me souviens d'un jour, où discrètement, j'ai pissé dans la théière. Personne ne s'en est aperçu et ma mère l'a servi au voisin. Je ne vous raconte pas la grimace qu'il a faite ! C'était salé ! Quelle « éclate »! On n'a jamais revécu cela dans les Vosges…

J'ai voyagé récemment en Espagne, du côté de Malaga. En arrivant, la première chose que j'ai faite a été de me rendre au centre-ville, parce que je voulais retrouver les anciennes routes que l'on empruntait pour nous rendre au Maroc. Des petits chemins de montagne chargés de souvenirs. Dire que nous avons effectué ce trajet avec notre 504 ! Nous étions serrés comme des sardines. Dès que l'on posait le pied à terre au Maroc, on oubliait immédiatement toute la souffrance et toutes les galères… C'est fort pour moi de me replonger dans ces souvenirs. À moins de me choper Alzheimer, je crois que je n'oublierai jamais ces moments-là.

P.O. : Quand vous êtes venu en France, vous vous êtes senti exclu très rapidement. Mais lorsque vous êtes retourné au bled des années plus tard, étiez-vous bien accueilli ?

S.O. : J'ai rapidement compris que je ne faisais plus partie de ce pays. Quand on vit en France depuis des années, on s'habitue au luxe, même si on débarque dans un HLM. Notre appartement était luxueux comparé aux habitations du bidonville. Vous ne pouvez pas imaginer le décalage considérable qu'il peut y avoir. Dans notre super F4, nous possédions une télévision, monsieur ! Nous pouvions regarder le JT, *Les mystères de l'Ouest*, *Les chiffres et les lettres*, *La petite maison dans la prairie*… et j'en passe ! C'est du luxe et il est très difficile de s'en détacher. De même, au bled, il n'y a pas de Nutella, ou alors méfiez-vous, parce qu'il n'aura pas tout à fait le même goût !

Aujourd'hui, quand je retourne au bled pour des vacances, le seuil de tolérance n'excède pas les deux mois ! Et au-delà de la qualité de vie, on se sent rapidement comme un étranger. Au début, nous sommes bien accueillis, parce qu'on arrive avec une vraie valise, de beaux habits, de belles chaussures et des pépètes en poche... C'est comme si nous débarquions de Washington ! Forcément, on suscite de l'envie et on régale tout le monde ! Les gens s'imaginent que c'est l'El Dorado, et nous, bien évidemment, on n'oublie pas d'en rajouter une couche. On se la joue « success story » et on leur en met plein la vue, alors que l'on vit misérablement entassé dans un HLM.

Mon Dieu... quel cinéma ! Mais bon... il ne faut pas se leurrer, l'illusion ne dure pas très longtemps. Au final, même nos voisins qui nous aimaient et nous respectaient, nous insultent de *bédaoui*, de blancs-becs, de Français...

P.O. : Vos amis vous accusent-ils d'être « achetés » par la France et de vivre dans la compromission ?

S.O. : Certains vont effectivement nous faire sentir que nous sommes des traîtres et je les comprends, parce que ce doit être difficile pour eux de nous voir débarquer avec notre étalage de biens occidentaux. Nous sommes harcelés par nos amis pour les aider à venir en France. Tout le monde rêve d'obtenir un certificat d'hébergement, à tel point que l'on cherche à marier les filles avec les « riches » Berbères de métropole.

CHAPITRE II

Fatima, Jésus et moi

Paul OHLOTT : Un jour, Fatima, votre grande sœur, vous annonce qu'elle est devenue chrétienne et qu'elle se rend désormais régulièrement à l'église. Quelle a été la réaction de la famille ?

Saïd OUJIBOU : Ma sœur, c'est quelqu'un qui avait une très grande responsabilité dans notre famille. C'était une « fille-mère », puisque nous sommes onze enfants. Elle s'est « parentalisée » très rapidement. Elle est devenue comme une seconde mère pour la fratrie, parce que malgré notre super F4, nous ne possédions pas de lave-linge. Nous lavions le linge dans la baignoire, celle-là même qui servait à égorger le mouton ! Et il fallait bien nourrir tous ces ventres affamés ! Parallèlement à cette situation familiale, notre venue en France n'a pas manqué de bouleverser sa scolarité. Au bled, elle était une élève douée. En France, elle a été contrainte de rétrograder et de retourner à l'école primaire. Comme tous les jeunes immigrés de cette époque, elle l'a vécu douloureusement comme un terrible échec. Elle s'est sentie rabaissée et humiliée.

Sur le plan spirituel, Fatima est quelqu'un qui a toujours aimé Dieu. Elle a toujours été en recherche de sens à sa vie et en quête de Dieu. J'étais jeune, mais je voyais que ma sœur n'était pas satisfaite, spirituellement parlant, par la religion musulmane. Elle vivait une double crise, identitaire et spirituelle. A l'intérieur de la maison, nous étions marocains. À l'extérieur, nous étions français. Qu'on le veuille ou non, on ne peut pas vivre uniquement dans notre oumma. Nous passions donc tous par une phase délicate d'acculturation. Nous sommes bien obligés de nous occidentaliser, ce qui ne plaît guère d'ailleurs aux islamistes radicaux. Quand les grands frères ont surpris ma sœur en pantalon, ils se sont emportés violemment. À leurs yeux, c'est comme si elle trahissait la religion et l'identité de la famille. Et pourtant, elle ne pouvait quand même pas se rendre à l'école en djellaba ! Et lorsqu'elle exposait sa belle chevelure au vent… les mêmes extrémistes y voyaient une provocation inadmissible. À leurs yeux, elle révélait volontairement sa beauté aux Français et ces derniers ne se privaient pas pour la reluquer. Alors, quand elle a commencé à faire la bise à ses camarades de classe, imaginez la réaction des grands frères ! C'est comme si elle couchait avec ces « blancs- becs » !

Je sais qu'elle a beaucoup souffert de cette situation et qu'elle a subi les affres du téléphone arabe. Des voisins malhonnêtes et jaloux n'ont pas hésité à amplifier et à déformer ce qu'ils voyaient. Avec le téléphone arabe, la bise se transforme en un « french kiss », ou en une escapade amoureuse qui a mis enceinte ma sœur. Rien que ça ! Nous les Arabes, nous avons cette capacité de vous faire un film avec rien. À côté de nous, *Desperate housewives* ou *Les feux de l'amour*, c'est du pipi de chat…

À cause de son comportement et de toutes les rumeurs, ma sœur a reçu de nombreux coups. J'ai vu mon grand frère attraper Fatima par le cuir chevelu et la tabasser. Mes parents bondissaient sur mon frère pour le calmer, mais il continuait de crier : « Elle a embrassé un Français », ce qui était l'équivalent de se prostituer. Il était enragé. La France nous inspirait la haine et nous conduisait à nous entre-déchirer. Nous étions tous divisés entre le devoir de s'intégrer, à cause de la télévision, de la scolarisation et du voisinage, et le devoir de préserver notre identité.

S'est-elle habituée à la violence ? Je ne le pense pas, mais ce qui est certain, c'est que les coups du grand frère n'ont pas empêché ma sœur de poursuivre sa quête de Dieu. De temps à autre, des Témoins de Jéhovah venaient frapper à notre porte pour nous parler du Royaume des Cieux. Nous les avons reçus, parce que dans notre culture, l'accueil est un devoir. Ils entraient donc chez nous et nous offraient de beaux livres avec de belles images. Les histoires parlaient d'Armageddon et du Paradis où les lions cohabitaient avec les brebis… On ne comprenait rien mais ça nous faisait très plaisir. Leur paradis était une échappatoire. Ils nous faisaient rêver et quitter un instant la misère de notre vie.

Petit à petit, ma sœur a commencé à sympathiser avec les Témoins de Jéhovah et à être interpellée par leur message. Un jour, elle m'a même amené chez eux pour une étude biblique, mais je n'y ai rien trouvé d'exaltant. Bien au contraire, leur message me paraissait sec. Malgré leur semblant de paix et leurs belles images, ils ne transpiraient ni le bonheur ni l'authenticité. Je ne ressentais pas chez eux une réelle et profonde intimité avec Dieu. Ma sœur était d'accord avec moi et nous avons arrêté de les fréquenter. Néanmoins, ils ont été un tremplin pour la découverte du christianisme.

Un peu plus tard, nous nous sommes liés d'amitié avec un couple chrétien de notre voisinage. Nous les connaissions un peu, parce qu'ils avaient pris soin de nous pendant que notre mère avait séjourné à l'hôpital, quelques temps auparavant. Au début, notre relation se limitait à un échange culinaire. Nous troquions du couscous contre des gâteaux au chocolat ! Puis, au fil des mois, nous avons approfondi notre relation avec eux, au point que nous avons commencé à parler des choses de Dieu. Par leur intermédiaire, ma sœur s'est procuré une Bible. Elle désirait vraiment en savoir davantage sur le Dieu des chrétiens.

La lecture de la Parole de Dieu a produit son effet. Un an plus tard, à l'aube de ses dix-huit ans, Fatima s'est agenouillée devant mes parents, en plein milieu du salon marocain. Elle témoignait ainsi d'une attitude d'humilité et de respect. Dans notre culture, c'est une position que l'on prend lorsqu'on s'apprête à déclarer quelque chose d'important et de grave. Avant même qu'elle ne prononce le moindre mot, nous savions que la troisième guerre mondiale allait éclater au sein de la famille Oujibou ! Nous savions pertinemment que sa prosternation n'était pas anodine et que l'avenir de la famille allait être bouleversé.

Courageuse et visiblement assurée dans ses convictions, ma sœur s'est mise à nous informer qu'elle était devenue chrétienne et qu'elle avait choisi désormais de suivre le Christ. Stupéfaction générale. Cette simple déclaration équivalait à une déclaration de guerre entre deux nations. Et notre affliction était comparable à celle qu'on peut ressentir quand on apprend la mort d'un être cher. Fatima est devenue chrétienne ? C'est encore pire qu'une défaite de l'équipe d'Algérie en finale de la Coupe d'Afrique des Nations (CAN). C'est le Maroc qui se prend une raclée à la pétanque ! C'est le PSG qui se prend une raclée par l'OM ! En réalité, je crois que ma sœur n'aurait rien pu dire de plus terrible pour la famille.

C'est une catastrophe ! C'est un crash aérien ! Quand elle annonce sa conversion, le premier sentiment qui m'envahit c'est le cri de mon pays et de ma culture. Puis vient la peur et la honte. L'honneur de la famille vient d'être souillé. Qu'est-ce qu'on va penser de nous maintenant ? Chez nous, le code de l'honneur est bien plus important encore que le Coran. Le regard des autres nous terrifie.

Dans un premier temps, nous pensons que ce sont les Témoins de Jéhovah qui lui ont bourré le crâne avec leurs belles histoires, et qu'elle s'est laissée séduire par le discours des chrétiens. On se dit également qu'elle est complexée et qu'elle veut s'occidentaliser à l'extrême pour ne plus vivre en état d'infériorité. Elle devient chrétienne pour devenir une vraie française, à une époque où se faire naturaliser français était considéré comme un acte de trahison. Au départ, il n'était pas question de se faire naturaliser. On ne voulait pas de la carte d'identité française ! Devenir français ne nous aurait même pas traversé l'esprit.

Quand elle fait son annonce, nous avons l'impression que la conversion au christianisme au sein d'une famille musulmane, est une première mondiale. C'est un cas unique sur des centaines de millions de musulmans et il fallait que ça nous tombe dessus ! On n'en croit pas nos oreilles. En une fraction de secondes, on se refait tout le film dans nos têtes depuis le jour où on a quitté le bled et on fait un constat d'échec. On n'a qu'une envie : fuir au plus vite ce sale pays qui a fait de Fatima une chrétienne. Après une telle déclaration, l'appartement est traversé par un silence de mort. Toute la famille est en apnée. C'est la consternation, la stupéfaction générale.

P.O. : Et après la consternation… la violence ?

S.O. : Le choc encaissé, l'idée de la tuer nous traverse à tous l'esprit. Selon le Coran, c'est une trahison. Elle s'est rendue coupable du péché d'apostasie. Si nous étions au Maroc, elle serait peut être morte aujourd'hui. Mais au lieu d'en arriver à un tel extrême, les grands frères s'emparent d'elle et la tabassent. La violence s'étale sur des semaines entières et même des mois… On la frappe, sans répit. Elle reçoit crachats et insultes, sans discontinuité. Elle vit la persécution par ses proches, par sa propre famille.

J'avais huit ans lorsque cet événement s'est produit. À cette époque, je suis tiraillé par deux sentiments. J'ai de l'amour pour ma sœur, mais je ressens également de la haine. Oui, j'ai de la haine. J'ai le mal de mer. Je n'arrive plus à manger. Est-ce que je dois la défendre et la protéger ? Ou est-ce qu'elle mérite tous ces coups ?

Contrairement à toutes nos attentes, ma sœur se montre très forte. Elle résiste à ce déchaînement inouï de violences. Je connais ma sœur. De nature, c'est une tigresse, c'est une fille qui est rongée par la haine. Habituellement, quand mon frère la tabassait, elle ne se laissait pas faire, elle lui sautait dessus, elle lui griffait le visage… et là, maintenant qu'elle est chrétienne, elle ne répond plus aux coups ? À la haine, elle nous répond par l'amour. Elle nous parle de l'amour de Jésus. Son attitude transformée me déstabilise complètement sur le plan spirituel.

Plus les jours passent et plus on s'interroge. Comment peut-elle tenir ? Pourquoi n'abjure-t-elle pas le christianisme et ne revient-elle pas à l'islam ? Pourquoi s'accroche-t-elle à Jésus, ce prophète ? Pourquoi veut-elle vivre comme ces cochons de chrétiens ? Pourquoi veut-elle être comme ces Blancs qui nous rejettent et nous insultent ? Qu'est-ce qu'elle va faire chez ces polythéistes, ces « kouffar », ces croisés, ces Juifs, ces personnes décadentes…? Je crois que l'on souffre autant qu'elle.

P.O. : Sa foi chrétienne a donc engendré un changement radical dans son comportement ?

S.O. : Son changement était perceptible à l'œil nu. Son attitude était complètement différente. Dans son regard, l'amour avait chassé la haine. Autrefois, quand ma sœur me parlait, je baissais les yeux. Elle inspirait la crainte et j'avais peur de me prendre une raclée ! Mais là, j'avais face à moi une nouvelle personne. Elle était méconnaissable. D'ailleurs, malgré leur consternation, mes parents s'en rendent compte et décident d'opter pour la méthode forte. Le plan B en cas d'apostasie ! La violence cesse et on se met à la gâter et à la chérir. On lui explique que les chrétiens lui ont bourré le crâne et qu'ils l'ont manipulée.

Avec ce plan B, on entre dans une phase apologétique. On lui enseigne à nouveau les bases de l'islam. On la « coranise » à plein temps et on cherche à démonter point par point les « erreurs » du christianisme. Mais rien n'y fait ! Elle nous déstabilise par ses propos spirituels. Elle nous parle de choses que tous les musulmans voudraient atteindre, sans jamais y parvenir. Elle ne nous parle pas de Jésus comme nous on parle d'Allah. Elle vit Jésus. C'est comme si Jésus était un ami intime. Alors que nous essayons de défendre notre culture, notre identité, notre religion… Elle parle de sa rencontre avec Jésus. Elle nous parle de choses qui changent le cœur. Et pour nous cette intimité est perçue comme de l'impudence. Pour un musulman, on ne peut pas parler ainsi de Dieu, c'est un manque de respect. Et pourtant, ce Jésus semblait si proche d'elle…

Les semaines passent et face à son entêtement, nous continuons de la séquestrer et, bien sûr, nous l'empêchons d'aller à l'église. Chaque dimanche matin, une bagarre éclate à la maison. Ma mère cache les clés, elle se met devant la porte pour l'empêcher de passer. Je la vois pleurer, tomber par terre, s'évanouir… Elle cherche à manipuler émotionnellement ma sœur. Fatima est visiblement attristée, elle est bouleversée, mais elle aime le Christ plus que sa propre famille ou que son pays. Aujourd'hui, fort d'un certain recul, je peux vous assurer que je ne souhaite à personne de vivre une telle confrontation.

Fatima avait compris que la vie chrétienne n'était pas la validation de dix-huit années passées dans un berceau chrétien où l'on se fait baptiser pour faire plaisir à papa et maman. Suivre Jésus, c'est un choix de vie personnel, c'est placer Christ au-dessus de toute autre chose. Et Fatima, en dépit de tout ce qu'on a pu lui faire subir, a pris la ferme décision de suivre le Christ.

P.O. : Votre sœur étant incontrôlable et imperturbable, votre famille vous confie une mission d'espionnage… De quoi s'agit-il ?

S.O. : Le jour où ma mère me confie cette mission, c'est le signe que ma sœur a remporté le bras de fer. Une victoire qui a été acquise dans les larmes, après un an et demi de luttes acharnées. Ce qui sauve ma sœur, c'est qu'elle trouve un travail. Elle devient donc intéressante financièrement parlant pour la famille, car dans les années 80, le père touche une large part des revenus. En travaillant, elle permet à toute la famille de mieux vivre et de construire une belle maison au bled, signe de réussite sociale pour les immigrés.

En outre, le travail de ma sœur se trouve à Saint-Dié-des-Vosges. Autrement dit, à 70 km de l'appartement familial. Ainsi éloignée des parents et des grands frères, elle peut se rendre à l'église tous les dimanches matin, sans encombre.

Ma mère ne pouvant plus s'interposer, elle me demande de la surveiller et de me rapporter tous ces faits et gestes, car chez nous, code de l'honneur oblige, il est très important qu'elle demeure vierge jusqu'au mariage. Si en plus de se convertir au christianisme, elle ne reste pas vierge, là je crois que c'est la fin du monde ! J'ai dix ans quand ma mère m'envoie en vacances chez elle pendant une semaine, afin que je consigne toute sa vie sur un petit carnet.

Nous sommes pauvres et cela fait donc des années que je suis bloqué dans mon quartier pourri. Je m'ennuie terriblement, je n'ai aucune distraction, sinon de voler quelques Malabar à la boulangerie du coin. Pour moi, ce voyage de Charmes à Saint-Dié-des-Vosges, c'est le voyage de ma vie ! Prendre le train ?? C'est Disneyland, Las Vegas et la piscine à vagues ! C'est l'évasion ! C'est l'aventure ! Je crois que je m'en souviendrai toujours…

Quand nous arrivons à St-Dié (!), j'accompagne ma sœur à l'église évangélique. Je suis excité par l'aventure et en même temps j'ai peur, parce que je n'ai pas la moindre idée du lieu où je vais atterrir. J'ai peur parce que les musulmans ont nourri mon imaginaire… J'ai entendu tellement de mauvaises choses sur les chrétiens. On m'a dit qu'ils brûlent des choses, qu'ils boivent du sang, et qu'ils mangent le corps du Christ… Je m'attends aussi à trouver des idoles partout, des gargouilles, des dragons… En tant que musulman, je suis allergique à toutes ces choses.

Comprenez-moi bien, M. Ohlott, sur le chemin qui mène à l'église, du haut de mes dix ans, je flippe ma race ! Naturellement, lorsque nous arrivons à cette fameuse église, je décide de m'asseoir tout au fond et de me cacher derrière un recueil de cantiques. Ainsi protégé, j'observe tout, j'écoute tout et je plane dans cette église. Tout d'abord, je suis très surpris, parce que je rencontre des femmes qui sont voilées, telles des musulmanes ! Puis, j'entends des gens qui prient avec une langue ressemblant à l'arabe. En mon for intérieur, je m'écris : « Mon Dieu, mais où suis-je ici ? Sur quelle planète ai-je atterri ? ».

Je les entends chanter. Ils chantent avec leur cœur, avec leurs tripes. Ils déversent tout leur cœur lorsqu'ils se mettent à prier. Des larmes coulent de leur visage… Tout mon corps frissonne. Je vois des gens qui s'expriment directement à Dieu et qui vivent une intimité qui m'attire. Les chrétiens auraient-ils trouvé un raccourci qui a échappé aux musulmans ? J'ai la haine de voir que ce sont les Blancs qui possèdent le secret de l'intimité avec Dieu. Je suis subjugué de voir la connexion illimitée que les chrétiens possèdent avec Dieu !

Pour autant, je n'ai pas envie de trahir mon pays et ma famille, je résiste à cette présence de Dieu qui me percute. Je répète à toute allure et en boucle le credo de l'islam : « Je confesse qu'il n'y a qu'un seul Dieu, Mohammad est son prophète… ». Je résiste, je prie, je lutte. Je fais tout mon possible pour ne pas être contaminé par le Saint-Esprit. Dans mon cœur, je les insulte et je nourris ma haine. Ce jour-là, je découvre à quel point il est dangereux d'entrer dans une église. Pendant deux heures, je suis comme foudroyé et je ne trouve aucune faille. Pendant le culte, je suis frappé par deux textes qui sont inscrits sur le mur : « Si tu crois, tu verras la gloire de Dieu » ; « Venez à moi, vous tous qui êtes fatigués et chargés, et je vous donnerai du repos ». J'étais fatigué mentalement, spirituellement, physiquement… J'étais fatigué de la vie. Ces paroles de Jésus me foudroient et me percutent en plein cœur.

Finalement, la réunion se termine. Ma sœur se fait alors une joie de me présenter à tous ses amis chrétiens. Timidement et poliment je leur dis bonjour. Je suis frappé de voir qu'ils viennent vers moi avec le sourire. Ils me font la bise. C'est la première fois que je vois des Français être content de voir un Arabe ! L'après-midi, ma sœur m'emmène de nouveau à l'église. Cette fois, je n'assiste pas à la réunion, mais je reste avec les enfants de mon âge pour assister à l'école du dimanche. Je me sentais bien. Je n'avais pas l'impression d'être en France, ou plutôt d'être avec les Français que je connaissais et qui nous rejetaient. Dans cette école du dimanche, il y avait de l'amour, de la joie et du respect.

Le soir venu, je reprends mes esprits et je me remémore la mission confiée par ma mère. Il me reste toute la semaine pour observer ma sœur et comprendre ce qui m'arrive. Ma sœur me renvoyait une image d'humilité et de respect, mais je voulais découvrir ses failles. Je voulais découvrir sa vie de débauche pour pouvoir le rapporter à ma mère. Mais à nouveau, je suis surpris de découvrir que sa vie se limite à des allers-retours entre son travail et son appartement. Elle est plus clean que de nombreuses filles qui pratiquent la religion sans connaître Dieu ! Elle ne met pas le voile, mais elle n'en a pas besoin, car elle n'a rien à cacher derrière. Sa vie est d'une grande moralité.

P.O. : Au-delà de sa vie, cherchez-vous aussi des failles dans sa Bible ?

S.O. : Pendant qu'elle travaille de 8h à 17h, je scrute sa Bible pour découvrir ce qui s'y cache. Je le fais comme un devoir. Je dévore littéralement ce livre saint des chrétiens. Je lis la Bible de la Genèse à l'Apocalypse, y compris les généalogies. Je ne veux surtout pas me faire arnaquer. J'ai scanné la Bible jusqu'à en avoir mal au crâne. Quand je lisais l'Ancien Testament, je me voyais perdu dans ce désert, je me voyais dans ce peuple hébreu qui n'avait pas de cité, je voyais ma vie dans les psaumes et les proverbes, je me voyais dans les récits des petits prophètes, ... la Bible m'a parlé d'un bout à l'autre. Les Évangiles m'ont perturbé et je n'arrivais pas à comprendre pourquoi nous avons tué ce Jésus qui ne faisait que du bien autour de lui. Pourquoi cet homme a-t-il été crucifié ?

C'est alors que je comprends que son sacrifice est un geste d'amour, un cadeau céleste et que la croix était nécessaire pour le pardon de mes péchés. Cette découverte me perturbe encore plus, parce que pour les musulmans que nous sommes, ce sont nos œuvres et nos prières qui nous permettent d'entrer au paradis et de couvrir nos fautes. Les musulmans devraient suer et accumuler des bons points pour être sauvés, tandis que les chrétiens n'ont qu'à suivre ce Jésus ? Ils disent que le salut c'est par la foi, et nous alors, c'est par la folie ? Faudrait-il se contenter de croire en Jésus ? Dites donc les chrétiens, ce ne serait pas un peu trop facile ? J'étais troublé. Je vivais un véritable combat intérieur… De retour à la maison, je parle à ma mère et je lui présente un compte-rendu très positif. Je n'ai qu'une envie, c'est d'y retourner aux prochaines vacances.

P.O. : Vous êtes troublé par la foi chrétienne, mais il n'est pas question pour vous de franchir le pas de la conversion. Pourquoi ?

S.O. : Non, j'ai très peur de trahir mon pays et ma religion. Je ne veux pas devenir un renégat, un apostat. J'ai peur de blesser ma famille et de subir les mêmes violences que ma sœur. Je flippe ma race !! Je n'ai pas le même courage que Fatima. Je sais aussi que l'islam nous menace de l'enfer et de la géhenne, si l'on s'éloigne de la foi musulmane. Dans l'islam, on ne sait presque rien sur le paradis. En revanche, on nous décrit en détail l'enfer. Il y a des hadiths très clairs, qui décrivent les souffrances que l'on vivra dans ce lieu de mort. C'est comparable au film *Massacre à la tronçonneuse*. Je suis donc hanté par cette peur. C'est une angoisse spirituelle. Je prends la situation très au sérieux et je ne veux surtout pas me tromper.

P.O. : Vous êtes tout de même courageux, puisque vous prenez le risque de ramener une Bible chez vos parents…

S.O. : Pour moi, ce livre, c'est la force des chrétiens. Je souhaite donc l'analyser et mener une étude comparative avec le Coran pour la détruire. Si ce livre n'est pas de Dieu, si son message n'est pas cohérent, il faut que je le sache. Je le fais avec d'autant plus de convictions que le Coran m'incite à lire le livre des chrétiens. Pendant des semaines qui deviennent des mois, je lis la Bible en cachette. Je parle beaucoup avec mes parents, avec mes frères et avec les imams. Je pose beaucoup de questions, mais je ne trouve pas de failles dans le christianisme. Pas la moindre... Je ne trouve que des réponses qui m'attirent. A contrario, je trouve deux failles majeures dans l'islam. La première, c'est le manque d'intimité avec Dieu malgré des années de recherche. Mes prières ne dépassent pas le plafond. Il n'y a pas de connexion. La deuxième concerne le salut. Dans l'islam, nous n'avons aucune assurance du salut, c'est comme monter dans un train sans en connaître la destination.

Cette Bible, c'est de la dynamite. C'est une semence incorruptible qui agit spirituellement, au-delà de tout ce que l'on peut penser ou croire. Ma lecture de la Bible commence à me travailler au plus profond de mon être. Je prends conscience que je tiens entre les mains le livre de Dieu. La foi me gagne dans ce Christ qui a pris mes péchés sur la croix. Je réalise qu'il a été crucifié à cause de moi, de mes fautes, de mes péchés. Je ne parvenais pas à l'intimité avec Dieu, parce que le péché nous sépare de sa présence. Ni le ramadan, ni le sacrifice du mouton, ni le pèlerinage à La Mecque, rien ne peut nous amener dans la présence de Dieu, sinon le sacrifice de Jésus. Le Christ nous donne le pouvoir de devenir enfant de Dieu. Je réalise qu'il est véritablement Le Sauveur du monde. Je l'accepte donc discrètement dans ma vie, sans le dire à qui que ce soit. Je n'en parle à personne, mais le problème, c'est que je vis désormais avec un cœur changé, transformé par la puissance divine.

J'étais quelqu'un de dangereux, je n'avais peur de personne. J'étais violent et rongé par la haine. Ma vie se résumait à la délinquance et à la bagarre. Il ne se passait pas une journée où je n'insultais pas quelqu'un. Il fallait que je montre ma supériorité, que je choque la mamie du quartier ou que je casse un carreau quelque part. C'était mon identité. Les mamies m'appelaient l'effronté. Oui, M. Ohlott, j'étais un sale gosse ! Comment cacher un changement radical dans ma vie ? Comment dissimuler un changement profond de mon identité ? J'avais beau avoir douze ans désormais, je me mettais à chanter des cantiques aussi vieux que la guerre de 14, du genre « Il est le potier et je suis l'argile... », « Je chanterai l'Eternel tant que je vivrai... ». Mes potes me demandaient si j'étais allé au catéchisme. Je leur répondais aussitôt : « Je ne suis pas allé au catéchisme bande de malades ! ». Mais je ne pouvais pas m'empêcher d'exprimer ma joie. J'étais dans une ivresse spirituelle. Je continuais de lire la Bible en cachette. J'aimais cette Bible. Elle me parlait, elle me révélait ma véritable identité.

P.O. : Est-ce que vos parents se sont étonnés de votre changement de comportement ?

S.O. : Ma mère a du flair et elle m'a rapidement soupçonné d'avoir changé comme ma sœur. Elle a commencé alors à m'espionner. Elle voulait comprendre pourquoi je n'étais plus un délinquant. Un soir, tandis que je lisais la Bible discrètement sous ma couverture, ma mère a ouvert la porte de la chambre et elle m'a surpris en flag'. Elle s'est précipitée sur moi et m'a arraché la Bible des mains. Etant donné que je suis un garçon, elle ne m'a pas frappé, mais j'ai eu le droit à un sacré savon ! Elle m'a craché dessus, s'est mise à hurler et à me sermonner. Elle m'insultait de « sale traître » et de « sale lâche ». « Je t'envoie dans l'église pour faire l'espion, et toi tu deviens chrétien ! ».

A ce moment-là, je n'avais peur que d'une chose, qu'elle m'empêche d'aller en vacances chez ma sœur. J'ai donc décidé de devenir un caméléon. J'ai continué de pratiquer l'islam, tout en confessant Jésus-Christ dans mon cœur. C'était une période très difficile. Je faisais les actes mécaniques, les gestes de purification, et je suivais l'ensemble des préceptes de l'islam, mais toutes mes prières étaient désormais adressées à Jésus. Comme vous pouvez l'imaginer, j'en ai eu marre, car j'avais l'impression de ne pas être authentique.

Comment être authentique tout en respectant mes parents ? Pendant plusieurs années, je n'ai vécu ni selon l'islam, ni selon le christianisme. Je suis redevenu une pourriture. Tout ce que j'avais rejeté en acceptant Jésus, m'a rattrapé. À quatorze ans, la haine et la rage avaient de nouveau pris racine dans mon cœur. Ma seule envie était de réussir ma vie et de quitter la France. En réalité, je n'en prenais pas la direction. Je m'adonnais à la drogue, à l'alcool, aux sorties avec les potes et les filles.

Je faisais la tournée des bars et des discothèques, tout en développant mes divers trafics. Une vie de décadence à laquelle je mis un terme à l'âge de vingt et un ans.

À cette période, je militais avec SOS Racisme. Je m'intéressais beaucoup à la politique. Complètement paumé, cet engagement était pour moi la seule solution pour retrouver une identité et lutter contre tous ceux qui ne nous aimaient pas. C'était l'époque de la montée en puissance de l 'Extrême droite, et il s'agissait de faire front face à cette menace. C'était l'époque où les Arabes étaient refoulés. C'était l'époque où nous voulions désormais être reconnus comme des Français. Nous voulions être acceptés, car nous savions pertinemment que nous ne retournerions jamais au bled. Nous étions complètement déchirés. Nous étions en crise. Nous en avions ras-le-bol d'être considérés comme des étrangers, que ce soit en France ou au bled. Jusqu'à quand serons-nous des Maghrébins issus de l'immigration ? C'était l'époque de la Marche des Beurs. Avec tous mes potes, nous avons participé à cette Marche. C'était l'euphorie. Nous nous sentions de plus en plus fort et nous cherchions le respect. Mais au final, c'était l'époque du grand n'importe quoi et nous n'avons rien trouvé d'autre que l'échec. Le désenchantement et la désillusion ont été considérables. Le seul refuge était alors le shit. La vie consistait à s'éclater au maximum et à se défoncer dans les boîtes de nuit.

Malgré les filles, les drogues de plus en plus puissantes et les soirées de folie, cette époque a été marquée par la tristesse. J'étais terriblement malheureux. Je ressentais un vide intersidéral. Mes parents s'inquiétaient sérieusement à mon sujet, non sans raison, car je n'avais plus aucun repère. Je n'étais ni français, ni marocain, ni chrétien, ni musulman…

P.O. : Que s'est-il passé à vingt et un ans ? Un déclic ?

S.O. : À vingt et un ans, j'accumule les déceptions amoureuses et les bagarres, qui me plongent dans le néant. On se pétait la tête pour oublier la vie ! Et tous les dimanches matin, il y avait comme un silence pesant, une tristesse de mort. De week-ends en week-ends, on essayait en vain de combler nos vides.

À vingt et un ans, je constate que je n'ai pas de relation avec mon père. Je pouvais passer un an sans lui parler alors que nous habitions dans le même appartement. Je n'avais ni relation ni amour avec mes petits frères. J'étais un homme blessé, je ne pouvais donc pas m'intéresser aux autres. J'en avais marre de devoir pédaler quatre fois plus vite que les autres pour espérer réussir quelque chose. Et depuis mon éloignement de la foi chrétienne, rien ne parvenait à satisfaire ma sécheresse spirituelle.

Dans les années 90, après la Marche des Beurs, la deuxième génération devient adulte et se rend compte que l'avenir n'est pas rose. Personnellement, j'en étais arrivé à me demander si je devais quitter la France pour tenter de réussir ma vie ailleurs. J'avais pratiquement terminé mes études et je m'interrogeais sérieusement sur mon devenir. Un soir, j'ouvre la Bible et je lis ce passage du Prophète Ésaïe : « les jeunes gens chancellent, mais ceux qui espèrent en l'Éternel renouvellent leur force ». M. Ohlott, croyez-moi, à cet instant, une force surnaturelle m'a traversé et je me suis senti aimé de Dieu. C'était si bouleversant que je me suis demandé si ce n'était pas un reste du shit que j'avais consommé auparavant ! Mais ce n'était pas une piquouse à retardement, c'était réellement la présence de Dieu.

Le lendemain, j'ai été convoqué dans le bureau du directeur du lycée, car on m'avait balancé pour trafic de shit. La gendarmerie m'a conduit au poste pour un interrogatoire qui allait durer toute la journée. Les gendarmes cherchaient à démanteler un réseau bidon. J'avais l'impression d'être Al Capone, alors qu'on n'avait que quelques malheureux grammes de shit en poche ! Ils m'ont demandé de balancer quelques personnes et m'ont proposé de l'argent pour que je parle. Mais je n'ai balancé personne.

Quelques jours plus tard, je replonge dans ma Bible et je découvre ce passage : « Celui qui cache ses fautes, ne réussira jamais dans sa vie, mais celui qui les avoue obtient miséricorde ». Confondu par cette parole de Dieu, je décide de mettre un terme à tous mes trafics et je commence à me reconnecter à Dieu. Je voulais retrouver le haut débit avec le Saint-Esprit, comme je l'avais vécu dans mon adolescence. Il fallait vraiment l'illimité de Dieu pour combler le vide en moi.

Nous étions samedi soir, lorsque je prends cette décision et cette ferme position. Quelques minutes plus tard, sans qu'ils ne se doutent de quoi que ce soit, tous mes potes sont arrivés en belle voiture, entourés de belles jeunes filles. Et là, j'ai su qu'il s'était passé quelque chose, lorsque je me suis surpris à leur répondre que je ne sortirais pas avec eux en boîte de nuit. J'étais très apprécié, parce que je savais mettre l'ambiance… Mais ce soir-là j'ai tenu bon. Si je voulais vraiment changer de cap, il fallait créer une rupture avec cette vie misérable. J'ai crié à Dieu pour qu'il m'aide dans mes études. Miracle, j'ai été accepté par le lycée à « Raon-les-Patates » (Raon-l'Étape) ! J'ai atterri chez ma sœur et je l'ai accompagnée à l'église pendant six mois.

P.O. : Comment s'est déroulée votre intégration dans cette église ?

S.O. : C'était très difficile. Rien à voir avec l'ambiance des boîtes de nuit. Je flippais d'aller dans les réunions de jeunesse. J'avais l'impression d'être chez les Amish. Ils chantaient des cantiques à vous faire frémir… Rien ne m'attirait dans les églises, que ce soit celle-ci ou une autre. Mais fort heureusement, mon orgueil a été brisé par la simplicité, la foi et l'amour des chrétiens. Ils m'ont déstabilisé. J'ai été marqué par les révélations du pasteur sur ma vie. J'avais l'impression que le Saint-Esprit m'avait suivi en boîte de nuit. Il connaissait toute ma vie !

En quelques mois, Dieu est parvenu à me faire perdre le goût de la débauche, des filles d'un soir, de l'alcool et du shit… J'ai passé du temps à méditer sur Jésus et sur son sacrifice à la croix. J'ai alors réalisé que Jésus ne voulait pas seulement être mon Sauveur, mais aussi et surtout le Seigneur de ma vie. Le Saint-Esprit me poussait à prendre la décision terrible de rejeter le monde pour Christ. J'ai eu du mal à abdiquer face à la croix, mais lorsque je l'ai fait, quelle libération !

Le lendemain, j'étais un autre Saïd. Les vaches avaient une autre couleur dans les Vosges ! Tout est devenu différent. Je ne voyais plus les gens de la même façon. Je regardais le monde avec les yeux du Christ. J'ai vécu une mort et une résurrection. Ma haine s'est évanouie. J'ai couru vers ma mère et je l'ai serré très fort dans mes bras. Ca ne m'était jamais arrivé auparavant ! Aussitôt, ma mère me demande : « Saïd, est-ce que tu bois de l'alcool ? ». J'ai compris que c'était un encouragement pour moi, car j'étais dans l'ivresse spirituelle. J'étais rempli du Saint-Esprit. Ma mère n'a pas fait la distinction entre l'ivresse de ce monde et celle du Christ, mais sa question m'a interpellé. Désormais, c'est très clair en moi, j'ai quitté le shit pour la puissance du Saint-Esprit.

Depuis ce jour, ma mère, mais aussi tous mes copains, ont vu le changement dans ma vie. Quand ils venaient pour que je leur refourgue du shit, je leur disais que j'avais une meilleure came, le Saint-Esprit ! Le téléphone arabe s'est mis en marche, de l'imam jusqu'au directeur du lycée. Tout le quartier a entendu dire que j'avais accepté Jésus.

Les RG ont eu vent de ma conversion et ils se sont intéressés de près à ma vie. À l'époque, ils me prenaient pour un musulman intégriste et ils m'avaient refusé la nationalité française. Je n'étais pas intégriste mais il est vrai qu'il m'arrivait d'aller en boîte de nuit en djellaba ! Ils ont été surpris par mon changement. Mais tout cela m'était bien égal. Jésus m'avait réconcilié dans mon identité et il n'était pas question de trahir mon pays pour une tranche de jambon. Je suis devenu un marocain chrétien.

M. Ohlott, il faut bien comprendre que je ne me suis pas converti à une religion. Je n'adhère pas au christianisme. Je me suis converti à Christ. J'ai quitté l'islam pour suivre la destinée de Dieu pour ma vie, révélée en Jésus-Christ. J'ai vécu une transformation radicale.

P.O. : À cette époque, vous étiez en froid avec votre père. Vous le méprisiez même, car il ne vous avait jamais serré dans ses bras. Votre rencontre avec le Dieu de la Bible a-t-il changé la donne ? Êtes-vous réconciliés aujourd'hui ?

S.O. : Animé par ce feu de l'Esprit saint, je suis allé voir mon père et je lui ai dit ses quatre vérités : « Papa, pendant des années, je t'ai haï, je t'ai détesté, mais aujourd'hui, de la même manière que Jésus m'aime, je t'aime de nouveau ». Je lui ai raconté tout ce que Jésus avait fait dans ma vie, et je l'ai invité à accepter le Christ comme son Sauveur et Seigneur. Mon père tremblait. Nous avons prié ensemble et mon père s'est écrié : « Que Dieu est grand. Que Dieu est étonnant ! ». Jésus a changé sa vie avant de mourir. Pour mon plus grand bonheur, je sais où il est aujourd'hui. Il n'est jamais allé à l'église, mais il a vécu une réelle conversion.

P.O. : Avez-vous été inquiété par la mosquée ou par des membres de votre famille ?

S.O. : J'ai entendu beaucoup de critiques parmi les musulmans que je côtoyais, mais ma mère qui n'a pu que constater mon changement, leur a systématiquement répondu : « je préfère voir mon fils comme il est aujourd'hui, plutôt que comme il était avant ». Quelque part, j'ai donc été protégé.

Néanmoins, très rapidement, ma conversion est parvenue jusqu'aux oreilles de mon grand frère. Quand il a entendu cette rumeur, il m'a convoqué sur le champ et je lui ai confirmé ce qu'il avait entendu. Il m'a laissé parler pendant quelques minutes, puis il m'a dit : « Tu ne viens plus à la maison et tu ne t'approches plus de mes enfants ». Le message était clair. Il est évident qu'une large partie de la famille m'a rejeté. Je pouvais sentir en eux de la déception et une profonde tristesse. À l'instar de ma sœur aînée, ils le vivaient comme une trahison. Ma mère m'invitait régulièrement à revenir à la religion, autrement dit à l'islam et à la mosquée.

P.O. : À quel moment avez-vous pris la décision d'aller plus loin dans votre engagement et de devenir un évangéliste ?

S.O. : Dans cette période de marginalisation, il me fallait prendre une décision quant à mon avenir. À l'époque, je bossais avec un artiste dans l'art moderne, en tant qu'assistant. Peu de temps après ma conversion, il m'a proposé de partir avec lui aux États-Unis, pour travailler dans son loft à New York. Son offre était vraiment alléchante. Cependant, au même moment, on m'offrait la possibilité de suivre des études de théologie. Le choix s'est avéré très difficile, mais j'ai eu la conviction que de rejoindre cet institut de théologie serait meilleur pour moi.

Je ne regretterai jamais d'avoir consacré deux ans de ma vie pour approfondir mes connaissances sur la foi chrétienne. Après tout ce que j'avais entendu de la part des imams ou de ma famille, il était essentiel que je puisse m'appuyer sur des bases bibliques solides. De chrétien convaincu, je suis ainsi devenu un évangéliste. Cet appel est devenu plus fort que tout le reste ! Le Christ étant la solution, il me fallait le partager autour de moi, et c'est la mission que je poursuis encore aujourd'hui. Il est inconcevable que je garde pour moi cette révélation.

P.O. : Vos valeurs et votre relation à Dieu ont complètement changé. En est-il de même pour votre culture ? Avez-vous renié votre identité culturelle ?

S.O. : On confond souvent conversion et occidentalisation. Cette confusion est d'ailleurs nourrie par les islamistes, qui n'acceptent pas l'idée qu'on puisse trouver Dieu en dehors de l'islam.

Dans la mentalité des banlieues, le fait d'être le premier de la classe, de s'habiller à la mode occidentale ou d'avoir des amis français, c'est déjà presque, aux yeux de certains, un reniement de sa patrie d'origine ! Alors imaginez la réaction quand vous annoncez que vous êtes devenu un chrétien. Pourtant, devenir chrétien, ce n'est pas trahir ses origines. La conversion au christianisme peut même nous aider à nous réconcilier avec notre passé. La conversion provoque un demi-tour, mais uniquement dans le domaine spirituel.

Je n'ai jamais pensé une seule seconde renier ma culture arabo-berbère. Par exemple, le respect des personnes âgées n'est en rien lié à l'islam, c'est un principe ancré dans ma culture. Je suis fier d'être arabe, berbère et marocain. Et ce n'est pas parce que je suis chrétien, que je ne peux pas manger du couscous avec mes trois doigts ! Si vous lisez la Bible, vous verrez que le Christ ne nous contraint absolument pas à renier notre identité. Quand vous êtes venu chez moi M. Ohlott, vous avez pu constater que mon salon marocain côtoie parfaitement des meubles Louis XV ou Louis XVI, et j'ai cru comprendre que vous avez apprécié mon thé à la menthe ! (Rires). Pour moi, c'est essentiel de m'enrichir de ces deux cultures et de vivre en harmonie avec ces deux appartenances.

Il est possible que certains, lorsqu'ils deviennent chrétiens, rejettent pendant un temps leur culture d'origine, parce qu'il y a une overdose de tout ce qui peut leur rappeler l'ancienne religion. Mais assurément, avec le temps, ils font le tri entre la religion et leur culture. La conversion à Christ engendre très souvent un temps nécessaire et incontournable de guérison intérieure et de réconciliation.

P.O. : M. Oujibou, vous n'allez donc pas me regarder de travers si je vous propose un bon verre de Bordeaux pour accompagner quelques rondelles de saucisson ?

S.O. : (Rires). Non, soyez rassuré ! Tout est pur pour celui qui est pur. Comme l'explique très bien notre Seigneur Jésus-Christ, le Royaume de Dieu n'est pas une affaire de boire et de manger. C'est une question que l'on me pose très souvent, notamment dans les banlieues. D'ailleurs, un jour, un jeune musulman (qui était en train de boire une bière…), me lance sur un ton sarcastique pour amuser sa bande de copains : « Ah, alors maintenant tu manges du cochon ? ». Je lui ai répondu : « le problème, ce n'est pas la viande du cochon, mais c'est celui qui se comporte comme un cochon et qui regarde l'autre, ou qui parle à l'autre, comme un cochon ! Le pire des porcs est celui qui vomit sa haine, ses insultes et son orgueil ». Ce n'est pas ce qui entre par la bouche et qui finit dans les latrines qui souille un homme, c'est plutôt ce qui sort par la bouche et qui émane du cœur. Le Royaume de Dieu ne concerne pas les apparences, mais s'intéresse au tréfonds de notre âme. Alors, osons nous poser la question, notre cœur ressemble-t-il à une porcherie ?

Maintenant, soyons clairs, je respecte tout à fait celui qui, malgré sa conversion au Christ, choisit de ne consommer ni alcool ni porc. La Bible nous dit que tout ce qui n'est pas conviction est péché.

P.O. : Qu'est-ce qui a été le plus dur lorsque vous êtes devenu chrétien ?

S.O. : La chose qui a été la plus difficile pour moi, à ma conversion, et nous en avons déjà un peu parlé, c'était de quitter le monde de la nuit et de ne plus faire la fête en boîte de nuit. J'étais un véritable fêtard. Je n'ai eu aucun problème pour arrêter le shit ou pour mettre un terme à mes nombreuses relations avec les filles. J'avais fait une overdose de la drogue et des filles, c'était donc un soulagement pour moi de fermer la porte à mon inconduite. En revanche, de ne plus goûter à l'ambiance des boîtes de nuit, c'était un réel défi. Pendant des semaines et des mois entiers, j'ai lutté intérieurement pour ne pas y retourner. Oui, j'ai dû me faire violence, parce que je déchirais la piste de danse en boîte, je m'éclatais, je kiffais le funk et le reggae !

La deuxième chose difficile fut de quitter la communauté que nous avions fondée avec mes amis musulmans. Nous avions créé notre petite communauté au sein de l'oumma islamique. Il y avait une réelle fraternité et solidarité entre nous. Si on touchait à un arabe du quartier, il fallait affronter tous les Arabes de sa communauté. Un soir, en boîte de nuit, nous avons eu une altercation avec quelques Français. Dans la ville où je me trouvais, j'étais tout seul, mais il n'a pas fallu longtemps pour que 14 de mes copains turcs de Châtenois viennent me rejoindre pour régler le problème. Ils sont arrivés à sept par voiture, armés de bâtons. Mes amis ont fait des kilomètres pour venir m'aider.

Quand on quitte l'islam pour devenir chrétien, on est immédiatement rejeté et méprisé par ceux qui étaient nos meilleurs amis. C'est le prix à payer et j'ai dû l'accepter. Du jour au lendemain, je me suis retrouvé complètement isolé, et il faut du temps pour être accepté et intégré par les membres de l'église dans laquelle vous débarquez. Il faut du temps pour s'adapter à cette nouvelle culture et mentalité. C'est un autre monde, une autre planète ! On vit alors un vrai tiraillement entre l'ancienne vie et la vie évangélique. Il faut du temps pour tout reconstruire et c'est dur ! Heureusement, la puissance de l'amour du Christ nous apporte soutien et réconfort. Pendant toute la transition, Jésus devient votre unique ami et vous apprenez ainsi à lui faire pleinement confiance. Puis, petit à petit, vous vous accrochez à quelques chrétiens de l'église qui s'intéressent à vous et qui ont une certaine maturité spirituelle… mais j'étais à mille lieues de la jeunesse chrétienne qui allait à l'église depuis leur tendre enfance pour faire plaisir à leurs parents.

On passe d'une oumma à une communauté chrétienne qui se révèle, au final, très individualiste. Quand je pratiquais le ramadan, c'était fraternel et chaleureux. À la rupture du jeûne, on est entouré de tous ses amis. Quand je suis devenu chrétien, la première fois que j'ai passé Noël, je me suis retrouvé seul chez moi avec ma bûchette, ma « dindette » et ma clairette ! (Rires). M. Ohlott, je vous assure, aucun chrétien ne m'avait invité à passer les fêtes. Le 24 décembre, c'est un jour de larmes et de douleurs pour beaucoup de musulmans qui se convertissent à Christ. À l'église, on vous dit : « que le Seigneur vous bénisse et joyeux Noël »… Oui, c'est ça… joyeux Noël tout seul chez moi !! C'est très difficile d'accepter que l'on ne retrouvera jamais dans le christianisme, un équivalent à la oumma islamique. Ce n'est pas Noël qui va remplacer la fête du mouton ou le ramadan, même si je suis heureux de voir qu'aujourd'hui, la mentalité chrétienne est en train d'évoluer dans le bon sens. J'aurais pu être déçu ou blessé par ce que j'ai vu ou vécu dans les églises, mais quand vous faites une expérience bouleversante avec le Christ, vous parvenez à surmonter ces épreuves.

P.O. : L'islam étant une religion globalisante, on amalgame souvent le monde arabe et la religion du Coran. Parvenez-vous à comprendre, que même les chrétiens, en raison de cet amalgame, peinent à accueillir à bras ouverts les Arabes chrétiens ?

S.O. : … Je comprends que ça puisse être un effort pour certains, mais comment peut-on aimer Christ, si on n'aime pas son frère en raison de son origine ethnique ? Je ne pourrai jamais tolérer que les églises se méfient des Arabes. Un enfant de Dieu se doit de refléter le Christ. Il n'y a pas de racisme dans le Royaume de Dieu ! Ce qui est impossible aux hommes est possible à Dieu, et c'est le Seigneur qui nous apprend à aimer notre prochain quel qu'il soit.

Il est vrai que certains ont pu vivre des expériences douloureuses. Prenons par exemple, tout à fait au hasard, l'histoire de la guerre d'Algérie. Des chrétiens ont perdu des membres de leur famille et peinent à se débarrasser de leur animosité envers les Algériens. Plus simplement, peut-être que certains n'aiment pas les Arabes, parce qu'ils habitent dans une cité et qu'on leur a volé leur autoradio Pionner, ou qu'ils ont été agressés par une bande de jeunes désœuvrés.

Il y a toujours des raisons de détester les autres, mais un chrétien, s'il est rempli de l'amour du Christ, doit se laisser guérir afin de parvenir à aimer tout le monde, y compris ceux qui font le mal. Je suis désolé, mais la foi chrétienne et le racisme ne sont pas compatibles. Il y aura des Arabes au Ciel, si vous ne les aimez pas, vous n'aimerez pas le paradis ! Quand on est chrétien, l'amour est un devoir et un état d'esprit.

P.O. : Avez-vous déjà été confronté à du racisme dans les églises ?

S.O. : Le racisme est une réalité à laquelle nous sommes parfois confrontés, même dans les églises. J'ai rencontré un pasteur qui me disait un jour qu'il avait peur des Arabes et qu'il conservait une certaine haine à leur égard, parce que son frère s'était fait tuer durant la guerre d'Algérie. Sa douleur était vive et il n'avait pas pardonné aux Algériens. Et aujourd'hui, il serait temps d'entamer une vraie réflexion et un vrai dialogue pour que le pardon efface les douleurs et la haine. Dans le milieu protestant évangélique, on n'apprécie guère ce sujet. On préfère l'éviter. Il m'est déjà arrivé que l'on vienne me voir pour me dire qu'il ne faut pas que j'accuse de racisme. On dénonce le voile, mais combien de chrétiens préfèrent se voiler la face sur ce sujet ? En général, quand les réactions sont vives, c'est qu'au fond du cœur, tout n'est pas rose. On ne peut pas guérir du racisme, si on n'est pas conscient d'en être concerné.

Pouvez-vous me dire combien il y a de pasteurs d'origine nord-africaine en France ? Combien se voient confier de véritables responsabilités ? La plupart des Arabes sont assis au fond des églises et on ne les met en avant que lorsqu'il faut montrer au maire les vertus de l'Évangile à changer les voyous ! Oui, il y a des Arabes chrétiens qui distribuent la sainte cène ou qui s'occupent de récolter la dîme et les offrandes. Mais pourquoi ne peuvent-ils pas espérer de plus grands engagements dans l'église ?

Je ne parle pas des nouveaux arrivants en France. Je vous parle d'Arabes qui sont chrétiens depuis parfois 30 ans. Je pense notamment à Farida, une femme aux multiples talents. Il lui a fallu attendre 30 ans pour intégrer le conseil d'administration d'une église. Et ce n'est pas un cas isolé... Le rejet, après l'avoir vécu dans nos banlieues, il faudrait le vivre dans nos églises ?! Dire qu'il n'y a pas de racisme dans les églises, c'est vraiment l'hôpital qui se moque de la charité. Et j'assume pleinement ce propos, même si demain le Pape ou les principaux leaders évangéliques venaient à affirmer le contraire.

Oui, le racisme est une réalité ! Une réalité qu'il faut éradiquer.

P.O. : Préconisez-vous d'instaurer une discrimination positive au sein des églises ?

S.O. : Malheureusement, on n'est pas loin d'en être contraint ! Personnellement, j'essaie plutôt de changer les mentalités avec une bonne dose d'humour et par le biais de mon spectacle *Liberté, Egalité, Couscous*. Beaucoup de chrétiens sont venus me voir, m'ont félicité et m'ont assuré qu'ils allaient se remettre en question sur certaines choses. J'attends aujourd'hui de voir le fruit de ces remises en question. Très peu de gens réalisent dans quelle condition nous avons vécu. Très peu de gens ont conscience des souffrances que nous avons endurées. J'espère que ce livre pourra changer la donne !

P.O. : Pourquoi avez-vous choisi de raconter votre parcours de vie et votre rencontre avec le Christ par le biais d'un one man show (*Liberté, égalité, couscous*), alors que ce n'est pas un genre très exploité dans le monde chrétien ?

S.O. : Je suis un sémite. Je suis un oriental. Chez nous, la tradition accorde une place très importante à la transmission orale. Cette culture se marie très bien avec le christianisme, puisque certains prophètes dans l'Ancien Testament, parlaient au nom de Dieu par des saynètes. Quant à Jésus, il aimait raconter des histoires sous la forme de paraboles.

J'ai souhaité m'inspirer de tout cela pour paraboliser mon parcours de vie. Sous forme de spectacle, il est plus facile d'exprimer certaines souffrances ou de dénoncer certaines choses qui m'apparaissent scandaleuses. Mon spectacle transmet bien plus facilement mon message que lorsque je prêche ! Je ne suis pas un artiste, mais si je souhaite toucher le cœur des Français, des chrétiens, mais aussi des musulmans, il est essentiel que je propose un genre qui plaise.

P.O. : Votre spectacle a connu un vif succès dans le monde chrétien, mais parvient-il à décrocher quelques sourires chez des musulmans ?

S.O. : Quelques sourires ? Vous voulez rire ? C'est l'euphorie dans toutes les salles ! Les musulmans, à l'instar des chrétiens, éclatent de rire. Je me souviens notamment d'une prestation à Bordeaux où, lorsque j'ai parlé de ma réconciliation avec mon père, certains se sont mis à verser des larmes. Il y a quelques temps, une petite fille musulmane qui était présente à l'un de mes spectacles à Montfermeil, un des quartiers les plus difficiles, est venue me voir pour me dire : « Que Dieu te bénisse ! J'ai aimé ton spectacle et je suis touchée par ce que tu as vécu ». Pour moi, c'est plus fort qu'un message d'encouragement du président de la République ! Ce spectacle, je l'ai fait pour tous mes amis musulmans qui se questionnent et qui cherchent sincèrement Dieu.

Oui, j'ai beaucoup de réactions très positives de la part de musulmans qui sont interpellés par les réponses que j'ai trouvé en Christ. Ils connaissent les difficultés par lesquelles je suis passé. Beaucoup les ont vécues. Au travers de ma vie, c'est eux qu'ils voient. Ils sont frappés de me voir parler ouvertement de ma conversion de l'islam au christianisme. Ils réalisent qu'ils sont libres de rechercher Dieu, de lire la Bible et de rencontrer le Christ. Personne ne doit nous contraindre à pratiquer une religion sans se poser de question. La vie est un chemin parsemé de découvertes. Dieu se cherche, Dieu se révèle, Dieu se rencontre !

CHAPITRE III

Ces musulmans qui deviennent chrétiens

Paul OHLOTT : Est-ce qu'il y a beaucoup de musulmans qui ont fait cette démarche spirituelle en France et dans le monde ?

Saïd OUJIBOU : Malheureusement, il est très difficile de disposer de chiffres précis, que ce soit en France, en Europe ou dans le monde, pour la simple raison que lorsqu'on quitte l'islam, on ne le crie pas sur tous les toits par peur de représailles. La conversion de l'islam au christianisme, est l'un des sujets les plus tabous à l'échelle planétaire. Dans le monde islamique, les menaces sont très dissuasives. Beaucoup cheminent dans le silence et la discrétion. Croyez-moi, il faut être très courageux pour afficher sa nouvelle foi en Christ au grand jour.

Les représailles viennent de toutes parts, à commencer par sa propre famille, son entourage et son ancienne communauté religieuse. Les menaces verbales deviennent très souvent physiques. Et comme on peut le voir au quotidien, lorsqu'on s'intéresse à l'actualité de l'Église persécutée, il y a de nombreuses condamnations à des peines d'emprisonnement, et certains, encore moins chanceux, sont exécutés sans l'établissement d'un quelconque procès.

Nous parlons beaucoup de dialogue interreligieux, mais certaines questions ne sont que furtivement évoquées. L'actualité révèle que l'Occident peine à vouloir clairement réclamer une réciprocité. Bien souvent, nous préférons fermer les yeux sur certaines situations embarrassantes, parce que la réalité nous dérange. L'Occident est mal à l'aise et le monde islamique en profite.

Pour en venir néanmoins aux chiffres, ce que je peux vous dire tout d'abord, c'est que l'Église catholique française baptise officiellement 170 anciens musulmans par an. Mais au regard de la frilosité ambiante, je ne serais pas surpris que ces chiffres soient volontairement minimisés. Quoi qu'il en soit, nous assistons à un véritable phénomène de conversions, notamment dans le milieu protestant évangélique. Que ce soit en Algérie, au Maroc, en Tunisie, et même en Iran, ils sont des milliers à se tourner vers le Christ. Et ils sont des millions en Indonésie à découvrir la Bonne Nouvelle de l'Évangile ! Je ne vous parle pas d'occidentalisation, mais de conversion à ce Jésus qui guérit, libère et transforme nos cœurs ! En France, on peut affirmer, sans exagération, qu'ils sont déjà plus de 10 000 à avoir quitté l'islam pour rejoindre le Christ.

10 000, c'est le chiffre officiel, et c'est celui-là que je vous donnerai, afin de ne pas rentrer dans une compétition des chiffres. Une telle compétition n'aurait aucun intérêt, d'autant que le Christ nous a prévenus que le chemin qui mène à la vie éternelle est étroit. Maintenant, si vous voulez mon opinion personnelle, je crois sincèrement qu'il y en a beaucoup plus. Le recensement est très délicat. Beaucoup vivent leur foi chrétienne dans la discrétion pour éviter d'être rejetés et persécutés. Oui, même en France, il y a des chrétiens de l'ombre… Il faut parfois plusieurs mois ou plusieurs années pour que certains sortent de l'ombre. Ils ont besoin d'être affermis dans leur foi avant de pouvoir affronter la vindicte de leur entourage, de leurs amis ou de leur famille.

De toute façon, ils ne peuvent pas le cacher *ad vitam aeternam*. Jésus change nos vies en profondeur et cette transformation alertera tôt ou tard l'entourage proche. Jésus, c'est une bombe nucléaire. Les amis et la famille vont rapidement flairer ce changement. C'est d'ailleurs ce qui s'est passé pour moi. Comme je vous l'ai raconté, quand j'ai donné mon cœur à Jésus, ma mentalité a complètement changé. Une vraie conversion finit toujours par se révéler au grand jour. Il suffit qu'un jour un chrétien de l'ombre loupe une marche, et il s'écriera « Seigneur ! » au lieu de lâcher une grossièreté. L'escalier de chez soi peut avoir raison de notre discrétion…

La foi en Christ est une semence. On peut la cacher tant que cette semence n'a donné lieu qu'à une jeune pousse, mais comment voulez-vous cacher un baobab ?

P.O. : Certains observateurs dépeignent les conversions des musulmans au christianisme comme une « rivière souterraine ». S'agirait-il d'un sujet tabou, même pour l'Église ?

S.O. : En Afrique du Nord, que ce soit au Maroc, en Algérie ou en Tunisie, il est très difficile pour l'Église de parler ouvertement et fièrement de la conversion au christianisme d'arabes musulmans. Parce que le jour où l'on clame haut et fort que des musulmans sont impactés par le message de l'Évangile, l'Église mettra la clé sous la porte. En terre d'islam, on ne badine pas avec le prosélytisme évangélique. L'évangélisation est considérée comme un acte illicite.

L'islam surveille de très près les Églises. L'Évangile est un message redouté, parce que c'est un message qui change les vies et qui peut impacter une nation tout entière. Cette peur envers la puissance de Christ se manifeste alors par une condamnation ferme de tout prosélytisme dans les pays où l'islam domine, et par de la propagande en pays à conquérir. Si l'évangélisation est illicite chez eux, de leur côté, ils ne se privent pas pour islamiser les Français et les Occidentaux. Tout cela témoigne du fossé immense qui sépare un système politico-religieux assoiffé de pouvoir, d'un message d'amour qui prend naissance à Golgotha. Qu'y a-t-il de commun entre la haine, la menace, la pression, la persécution, voire même le terrorisme… et l'abandon suprême du Christ sur la croix ?

Pour autant, et là je vous rejoins, je crois que ce tabou n'est pas une bonne chose. Il est le reflet d'une Église timorée, frileuse et peu audacieuse. Certains responsables privilégient la préservation de leurs fonctions, plutôt que l'indispensable témoignage du message de l'Évangile, en toute occasion, favorable ou non. Certaines églises ont tellement peur d'être mal vues de la société, ou pire, de subir des représailles, qu'elles se glorifient publiquement de ne faire aucun prosélytisme et de ne convertir personne ! Je ne veux pas tenir un discours de condamnation, mais si quelqu'un a glissé dans ce religieusement correct, je veux vraiment l'inviter à remonter la pente pour suivre de nouveau le Christ !

P.O. : Cette frilosité concerne-t-elle les églises en France ?

S.O. : Oui, même en France, des églises ne veulent pas accueillir de musulmans pour ne pas avoir de problèmes avec la communauté musulmane. Que reste-t-il de l'Évangile dans de telles communautés ecclésiales ? Quand on sait que tous les chemins ne mènent pas à Marrakech, il est de notre devoir d'indiquer à tout le monde, y compris aux musulmans, le bon parcours à suivre.

Je crois que nous vivons une période clé. Nous sommes à un tournant qui peut virer d'un côté comme de l'autre. Un tournant décisif. L'Église doit changer son attitude et retrouver sa vigueur pour apporter le message de l'Évangile à tous ceux qui ne l'ont pas encore reçu. On n'en a rien à faire de chercher à plaire à la société ! Et notre mission ne consiste pas à se défendre de tout prosélytisme ! Bien au contraire, ne perdons pas de vue l'ordre missionnaire prononcé par le Christ lui-même, peu de temps avant son ascension auprès du Père. Et nous ne devons plus nous taire face à l'intolérance islamique. Nous devons nous battre en faveur de la réciprocité. La liberté ne fonctionne que si elle est accordée à tout le monde.

P.O. : Pour quelles raisons de nombreux musulmans se tournent-ils vers le Dieu de la Bible ? Qu'est-ce qui les attire tant dans le christianisme ?

S.O. : Si on se convertit au Christ, c'est pour deux raisons essentielles. Tout d'abord, parce que Jésus nous offre le salut, alors que l'islam ne peut le garantir. Aucun musulman sur cette planète ne peut dire qu'il a la certitude d'être sauvé et d'aller au paradis. En tant que chrétien, sans orgueil mais par la foi en Jésus-Christ, nous avons la certitude de rejoindre notre Seigneur pour l'éternité, car c'est lui qui a tout accompli. Il suffit de l'accepter dans nos vies, de placer notre confiance en lui et d'obéir à sa Parole, la Bible. Oui, depuis que j'ai rencontré le Christ, je sais où je passerai l'éternité !

Le deuxième point qui est extraordinaire dans le christianisme, c'est qu'au travers de Jésus, nous avons une relation, une intimité avec Dieu, au point où nous pouvons l'appeler Père. Depuis que je suis chrétien, j'ai une connexion haut débit avec Dieu. Je vis une véritable communion avec mon Créateur. Sa présence est manifeste, elle est palpable ! Le chrétien peut parler à Dieu comme on se parle entre nous, alors que l'islam nous présente un Dieu lointain et inaccessible. À quoi cela sert-il de prier plusieurs fois par jour, si cela ne débouche pas sur une vraie relation avec le divin ? À quoi cela sert-il d'obéir à toutes sortes de lois, de règles, de rites… si on ne peut pas ressentir l'amour et la présence de Dieu ?

Vous pouvez parler avec tous ceux qui ont quitté l'islam pour devenir chrétien, tous vous diront qu'ils ont quitté un système religieux parce qu'ils ont fait une rencontre. Pourquoi ne reviennent-ils pas à l'islam lorsqu'on les persécute ou lorsqu'on les menace de mort dans certains pays ? Parce qu'ils ont rencontré Dieu, et rien n'a plus d'importance à leurs yeux, pas même la vie ! Ils sont comme les premiers martyrs, ils sont prêts à mourir par amour pour Jésus. Je ne connais aucune autre personne qui a transformé autant de vies dans le monde depuis 2000 ans. La puissance du Christ est sans commune mesure.

Comprenez bien, M. Ohlott, que je ne suis pas en train de parler d'une guerre de religion, parce que le Christ n'est pas une religion. Tous ceux qui viennent à Christ ne le font pas parce qu'ils sont allés sur un site comparatif des différents systèmes religieux, et qu'ils ont opté pour le plus sympa, le plus pratique et le moins cher, mais réellement parce qu'ils ont rencontré leur Sauveur et Messie : Jésus-Christ. Comme il l'a déclaré lui-même, il est Le chemin, La vérité et La vie, nul ne peut aller au Père sinon par lui.

P.O. : Lorsqu'un musulman se convertit au Christ, change-t-il immédiatement son regard vis-à-vis du peuple juif ? Les chrétiens d'Afrique du Nord ou du Moyen-Orient sont-ils des sionistes ?

S.O. : Tout musulman qui se convertit à Christ possède sa propre histoire. La conversion, aussi mystique soit-elle, n'efface pas notre passé. Néanmoins, il est vrai que Jésus a la capacité de changer ce cœur mauvais et rempli de haine, pour y déposer un amour vrai et inconditionnel. Quand on confie les rênes de notre vie au Seigneur Jésus, notre regard sur Dieu et sur l'humanité est totalement chamboulé.

En tant que chrétien, les Juifs sont aujourd'hui mes aînés dans la foi et non plus mes ennemis. Je peux le dire sans la moindre difficulté : j'aime profondément le peuple juif, de même que j'aime les Palestiniens. C'est important de le préciser, parce qu'il ne s'agit pas d'un phénomène de vases communiquant. Mon amour pour l'État hébreu n'a pas engendré de haine pour les Arabes ou les musulmans. Jésus ne déplace pas notre haine, il l'éradique. À tel point que le Christ nous invite à aimer et à bénir nos ennemis !

Aujourd'hui, je suis ému lorsque j'assiste à des réunions de réconciliation entre Juifs et Arabes. L'État d'Israël a gagné beaucoup de guerres, mais combien a-t-il gagné de paix ? Et comment pourrait-il en être autrement, puisqu'il n'y a pas de paix possible en dehors de celle accordée par le Christ ?

P.O. : Selon vous, la persécution, qui fait rage dans de nombreux pays islamiques, freine-t-elle la propagation de l'Évangile ?

S.O. : Je n'en suis pas sûr. Si nous prenons l'exemple de l'Algérie, nous assistons à un véritable phénomène de conversions. C'est comme si la persécution engendrait un dynamisme. Je n'ai jamais vu autant de conversions et d'églises aussi bondées en Algérie. Comme jamais auparavant, l'Église algérienne connaît une forte croissance.

Cela peut paraître surprenant, mais l'abondance occidentale et le matérialisme éloignent davantage de Dieu que la persécution. D'ailleurs, en France, nous sommes si peu accoutumés à la répression et à la privation de nos libertés dans le domaine spirituel, que l'on peine même à nous mobiliser pour nos frères et sœurs qui souffrent. Tout cela nous semble parfois tellement lointain… J'invite alors chacun à la réflexion : faut-il espérer que la France soit touchée par une vague de persécutions, pour que l'Église se réveille enfin et grandisse ?

En ce début d'année 2010, lorsque j'ai lancé une pétition en faveur de nos frères et sœurs marocains, il a vraiment fallu hausser le ton et taper du poing sur la table, pour que l'on puisse enregistrer quelques 3000 signatures en une semaine. Je vous remercie d'ailleurs pour votre aide précieuse M. Ohlott. Je suis vraiment choqué par l'inertie inhérente à l'Église française, pour ne pas dire européenne ou occidentale. Nous sommes tellement bien installés dans notre confort, qu'on finit par s'éloigner de l'essentiel.

P.O. : Au nom de l'Union des Nord-Africains Chrétiens de France, avez-vous l'intention d'être présent dans les principaux lieux et événements islamiques ?

S.O. : Chaque année, le rassemblement des musulmans de France au Bourget, c'est un auditoire de plusieurs dizaines de milliers de personnes. C'est un événement tellement important, que de nombreux élus ne manquent pas de s'y rendre. Un jour, j'espère pouvoir proposer un stand biblique au Bourget. Si leur foi islamique est tolérante, il n'y a aucune raison pour que ma demande soit refusée. Et puisque tous les Arabes et Berbères ne sont pas de confession musulmane, il est bien normal que nous puissions y apporter notre différence. Nous serions un maillon de la pluralité et de la diversité.

En attendant, nous avons été présents à l'Institut du Monde Arabe en 2009, pour la même raison que tous les Arabes ne sont pas musulmans. Notre démarche était novatrice et la soirée que nous avons organisée, s'est très bien déroulée. Nous avions des intervenants d'Algérie, du

Maroc, du Liban, de Jordanie, d'Egypte… et nous avons accueilli plusieurs ambassadeurs. Tout le monde a été sous le charme de nos groupes chrétiens orientaux et nord-africains.

P.O. : En mai 2009, vous avez organisé la première Conférence Européenne des Chrétiens originaires d'Afrique du Nord et du Moyen-Orient. Plus de 600 personnes ont participé à ce rassemblement en région parisienne. Pourquoi cet événement vous tenait très à cœur ?

S.O. : Il faut savoir qu'il s'agissait d'une grande première pour cette communauté nord-africaine chrétienne. Ce phénomène de conversions étant assez récent, nous n'aurions pas pu imaginer une telle chose il y a seulement dix ans. Beaucoup n'ont que quelques années de vie chrétienne. Ce sont des néo-chrétiens ! La conversion des plus anciens remonte seulement à 20 ou 30 ans en arrière, et ils ne sont pas légion. Tout cela est nouveau, et c'est pourquoi, c'est à la fois émouvant et enthousiasmant de rassembler tous ces Arabes fiers de porter le nom de chrétien !

Cette conférence nous a permis de nous retrouver et d'inviter Dieu dans notre louange arobo-berbère ! Pour un ancien musulman qui rencontre le Christ, après maintes difficultés, c'est encourageant de voir qu'il n'est pas un cas isolé et que le Seigneur est en train d'amener à lui de nombreux chrétiens originaires du même pays.

Cette conférence, que je souhaite organiser tous les trois ans, est une occasion de se réconcilier avec notre identité et d'enterrer nos anciennes pensées mauvaises. Je me souviens d'une jeune fille qui était littéralement allergique aux Arabes, et elle a témoigné être guérie de cette répulsion en voyant à quel point le Seigneur aimait et bénissait les français originaires d'Afrique du Nord ! Les réunions étaient si intenses que certains ont presque vécu une deuxième nouvelle naissance ! Moi-même, c'est la première fois que je faisais la connaissance de Mauritaniens, d'Iraniens et de Pakistanais ayant quitté l'islam pour suivre le Christ.

Par ailleurs, nous avons échangé sur des questions d'actualité, sur notre foi et notre culture, sur la persécution en terre d'islam, mais aussi au sein de nos familles. Certains se posent des questions très précises concernant des pratiques et des fêtes qui ont façonné toute notre jeunesse. C'était donc très enrichissant d'entendre des pasteurs qui venaient d'Algérie, du Maroc, du Liban, d'Egypte ou encore de Palestine.

Vous savez, quand j'organise de telles rencontres, je pense aussi à nos enfants. J'ai entendu une jeune fille de douze ans dire à son père : « Papa, je ne savais pas qu'il y avait d'autres enfants chrétiens comme moi ». Imaginez, elle habite à Roubaix, l'une des villes françaises où la communauté musulmane est la plus importante. Elle vit une pression au quotidien et elle reçoit des insultes si elle ne mange pas halal à la cantine ou si elle ne pratique pas le ramadan. Avec nous, elle se croyait au paradis ! Je veux me battre pour que nos enfants aient un meilleur avenir. Il faut les aider à être fiers d'avoir des parents pleinement français, pleinement arabes et pleinement chrétiens ! Nous sommes la première génération d'Arabes chrétiens en France, nous avons donc un rôle et une responsabilité à l'égard de la deuxième génération.

Je connais certaines difficultés, pour les avoir moi-même vécues. Je souhaite que ces conférences soient des ponts que nous construisons entre cette nouvelle « race » de chrétiens et les églises, afin qu'il y ait une réelle intégration.

CHAPITRE IV

Ces Français qui sont attirés par l'islam

Paul OHLOTT : Plus de 60 000 Français (3 600 conversions/an) auraient embrassé l'islam. Comment faut-il comprendre cet engouement pour une religion très éloignée de la pensée et de la culture judéo-chrétienne dans laquelle nous avons largement baigné en Occident ?

Saïd OUJIBOU : Les raisons sont multiples. Quand je suis arrivé en France, dans les années 70, on pouvait regarder la télévision en famille. On n'avait pas besoin de zapper toutes les 5 minutes, parce que tel programme ou telle publicité ne convenait pas aux enfants. Mais aujourd'hui, cette télévision, qui est le reflet de notre société occidentale, que nous propose-t-elle ? À chaque fois qu'on la regarde, notre pudeur en prend un coup. Et si on se met à rêver d'une société plus propre, l'Occident nous paraît alors décadent.

Quelles sont aujourd'hui les valeurs de notre pays ? Est-il étonnant de constater que ceux qui cherchent des valeurs et des repères, finissent par se laisser séduire par les discours anti-occidentaux des islamistes ? Quand on aspire au changement, on peut se laisser gagner par la radicalité. Je crois que l'attirance pour l'islam peut s'expliquer de la même manière que le succès du Front national, d'autant que le système islamique ne se cantonne pas au religieux, mais se veut très politique.

La débauche occidentale pousse des Français à se réfugier dans le cadre rigoriste d'un islam moraliste. L'islam ne se prive pas pour critiquer tout ce qui ne leur plaît pas dans nos sociétés post-modernes. L'islam est un rouleau compresseur, et le système islamique se protège de toute critique par la menace et les pressions. Cette radicalité, aussi étrange que cela puisse paraître, attire des Français qui aspirent au changement. Le relativisme ambiant est certainement l'une des plus grandes portes que l'Occident a ouverte à l'islam.

P.O. : Certes, je comprends que la recherche de valeurs peut nous amener à rejeter l'Occident… mais comment expliquez-vous que des jeunes filles françaises, connaissant la condition de la femme en régime islamique, se laissent séduire par une telle expérience de conversion ?

S.O. : La perte des valeurs en société touche indubitablement la première cellule de celle-ci, à savoir la famille. Oui, il y a une quête de valeurs et de repères de la part de tous ceux et celles qui subissent des divorces, qui vivent dans une famille monoparentale, etc. Ce qu'on a appelé « libération » n'est rien d'autre que de la « déstructuration ». Et que se passe-t-il, d'après-vous, lorsque l'on aspire à être au bénéfice d'un cadre bien structuré ? Regardez combien d'enfants et d'adolescents sont livrés à eux-mêmes ! Qui va leur enseigner ce qui est bien et ce qui mal ? L'école républicaine ? ... En France, on n'était pas loin d'interdire la fessée alors que l'on sait pertinemment que les enfants ont parfois besoin d'être corrigés. Tout être humain a besoin d'un cadre, de valeurs et de repères. Si la société, la famille ou l'école ne jouent plus leur rôle, alors d'autres s'en chargeront.

L'islam le sait très bien et se plaît à surfer sur cette note sensible. C'est pourquoi je ne suis pas étonné si des jeunes gens, et même des jeunes filles, se laissent tenter par une adhésion à la religion islamique. Oui, je peux comprendre que certaines jeunes filles sont prêtes à sacrifier un peu de leur liberté pour jouir d'un cadre qui leur semble de prime abord sécurisant. Bien sûr, lorsqu'elles font cette démarche, elles ne connaissent

pas encore le revers de la médaille. Elles ne s'en apercevront qu'au bout de quelques mois ou de quelques années…
Mais soyons francs M. Ohlott, tout cela n'a rien à voir avec une conversion provoquée par une révélation ou une rencontre personnelle avec Dieu. Quand on a besoin d'être entouré, ou pire, quand on est paumé ou marginalisé, un imam ou des grands frères musulmans peuvent nous sembler être de bons coachs, mais où est la révélation de Dieu dans cette histoire ? Pensez-vous qu'ils ont vécu quoi que ce soit sur le plan spirituel, simplement parce qu'ils ont prononcé une profession de foi devant deux témoins, ou parce qu'ils se mettent à respecter rituellement les piliers de l'islam ? Dans leur opposition à l'Occident, ils sont entrés dans un système socio-politique teinté de religiosité, mais ils n'ont certainement pas emprunté l'autoroute 2x2 voies vers la foi. Comme si Dieu se trouvait sous une burqa !

Les militantes du voile ou de la burqa témoignent qu'elles veulent se protéger du regard des hommes. Posez-vous alors la question : pour quelle raison cherchent-elles une telle protection ? Ne pensez-vous pas que la libération sexuelle ou que l'étalage pornographique ait pu causer d'immenses ravages ? Croyez-vous que l'on puisse faire tout et n'importe quoi sans que cela ait la moindre conséquence ? L'Occident paye aujourd'hui le prix de ses égarements. La Bible ne dit-elle pas : « se croyant sages, ils sont devenu fous » ?

En outre, l'islamisme est très fort pour matraquer la jeunesse à coup de propagande. Et ils vont se servir de quelques personnalités comme Anelka ou Diam's, pour faire croire que tout le monde est en train de rejoindre la seule et unique religion valable à leurs yeux, comme si leur système était la seule alternative possible à la débauche occidentale.

Mais franchement, pour quelqu'un comme moi qui a expérimenté l'amour et la puissance du Christ, ou pour n'importe quel chrétien *born again* (né de nouveau), qui a vécu une véritable rencontre avec le Seigneur, qu'est-ce que ça peut nous faire que des personnalités deviennent musulmanes et l'affichent publiquement ? Et quand bien même Johnny Halliday ou Céline Dion viendrait à embrasser l'islam, qu'est-ce que ça peut nous faire ? Qu'est-ce que ça nous prouverait ? ...

Lorsque notre influence vient d'en haut et non de ce monde, ces techniques de propagande ne peuvent que nous laisser de marbre. En revanche, si nous sommes dans un sentiment de rejet face à la débauche occidentale, les discours islamiques peuvent nous happer.

C'est alors qu'on se tourne vers l'Église et qu'on s'interroge : Où est la lumière évangélique aujourd'hui ? Peut-on trouver cette lumière dans nos banlieues où le discours fondamentaliste séduit la jeunesse désenchantée ? Pensez-vous que l'islamisme aurait autant d'emprise si les chrétiens sortaient un peu plus de leurs ghettos ecclésiaux ? Les chrétiens ont-ils envie d'être une voix forte et dissonante à la fois vis-à-vis de la décadence occidentale que de la radicalité islamique ? C'est le défi du XXIe siècle ! Partout où les disciples du Christ sont absents, le discours radical prend de l'ampleur.

P.O. : L'islam parvient-il à pécher des âmes dans les territoires évangéliques ?

S.O. : Je connais très peu de chrétiens évangéliques qui se convertissent à l'islam. C'est un phénomène presque inexistant. En réalité, ceux que je connais, n'étaient pas des chrétiens engagés. Il s'agissait plutôt d'adhérents à l'Église évangélique. Tous ceux qui fréquentent une église ne sont pas des *born again* (nés de nouveau). Leur conversion à l'islam me fait alors penser à la parabole du semeur, relatée par Jésus dans les Évangiles. Si notre foi n'est pas enracinée, consolidée, affermie… la semence de foi que l'on a reçue s'envolera au gré du vent.

En revanche, je le répète, je ne connais aucun chrétien engagé qui a renié le Seigneur pour adhérer à l'islam.

P.O. : Le rite musulman étant quelque peu contraignant, le phénomène de conversion à l'islam ne risque-t-il pas de ne durer qu'un temps ?

S.O. : Bien sûr ! Quand vous regardez des reportages sur la burqa et notamment celui réalisé par Aïda Touihri (M6, émission *66 minutes*), c'est intéressant de voir cette jeune femme d'origine française, qui après avoir vécu un échec sentimental, connaît une période où elle est déstabilisée et déstructurée. Dans sa détresse, elle prend la décision de se convertir à l'islam radical et de se vêtir de la burqa. Notons une nouvelle fois, qu'elle ne s'est pas convertie parce qu'elle a rencontré Dieu, mais pour se couper de ce monde qui l'a fait souffrir. Elle choisit de s'emprisonner elle-même, espérant ainsi ne plus vivre dans cette société occidentale qui n'a pas su la rendre heureuse. Mais au bout d'un certain temps, elle réalise que la vie selon l'islam n'est pas de tout repos et que le monde n'est pas plus rose sous la burqa. Elle décide finalement d'enlever ce voile intégral !

Cette femme n'est pas un cas unique, loin de là ! Beaucoup de femmes ont essayé le voile pour se dévoiler quelques temps plus tard. Beaucoup de jeunes se tournent vers l'islam par déception ou par réaction épidermique à la société, espérant trouver leur place, mais quel que soit le cheminement, la plupart finissent par revenir à la réalité. L'islam est une religion d'œuvres, de traditions et de rituels. C'est une religion légaliste et moraliste. Tout cela peut nous attirer dans un premier temps, mais la contrainte en refroidit plus d'un au fil des mois et des années.

On peut dire tout ce que l'on veut, mais on ne se rapproche certainement pas de Dieu en se cachant derrière un grillage. Le voile ou la barbe ne nourrit en rien notre spiritualité. Les rites n'apportent aucune réponse sérieuse à notre soif de spiritualité et à notre quête de Dieu. Ainsi, de la même manière que l'on peut adhérer à l'islam par déception, on en ressort également avec une profonde déception. L'islam ne permet pas de vivre une relation personnelle avec Dieu.

P.O. : L'islam revendique 1,2 milliard de fidèles dans le monde, mais à l'instar du catholicisme qui recense toutes les personnes ayant été baptisées à la naissance, n'est-ce pas un chiffre sans teneur véritable ? La plupart ne sont-ils pas musulmans par tradition, plutôt que par une démarche réelle et sincère de foi ?

S.O. : Dans les pays islamiques, on naît musulman. Ce n'est pas un choix, mais une obligation légale. L'islam est donc incontestablement démographique. Dans ces mêmes pays, il est très difficile, pour ne pas dire impossible, de changer de religion et de demander à inscrire chrétien sur la carte d'identité. Quand on parle de 1,2 milliard de musulmans, il y a donc évidemment de très nombreux musulmans culturels et traditionnels, exactement comme il y a des chrétiens traditionnels qui ne sont ni croyants ni pratiquants.

En outre, certains font de l'islam une cause politique et ne vivent absolument rien sur le plan spirituel. Oui, l'islam, c'est le mot magique que certains utilisent pour manifester une opposition à l'Occident, à Israël, aux États-Unis et j'en passe !

Ils ne sont pas 1,2 milliard à vivre les préceptes de l'islam au quotidien et à vivre un islam par conviction. Nous sommes indubitablement dans un monde de communication où chaque communauté se livre à une guerre de chiffres. L'islam veut devenir la première religion au monde et pour y parvenir on préfère comptabiliser les musulmans de naissance plutôt que de se limiter aux croyants et pratiquants. Cette stratégie ne date pas d'hier.

P.O. : Le recrutement se fait d'ailleurs dès la naissance, au sein des madrasa (écoles coraniques)…

S.O. : Oui, dès la naissance ! Chaque musulman est censé connaître le Coran par cœur, ce qui n'est pas anodin, puisque le Coran est constitué de 114 chapitres, ce qui représente quelque 6236 versets. C'est approximativement la taille du Nouveau Testament.

Dans le monde islamique, le Coran, c'est la moelle épinière, c'est le livre des livres. Quand j'ai quitté le bidonville pour aller dans le pays où coule le lait, le miel et le Nutella, ma mère a délicatement enveloppé le Coran dans un tissu vert, de peur qu'il ne s'abîme durant le voyage. C'est un livre presque magique, que l'on ne peut toucher que dans un acte de purification. Il faut être « pur » pour ouvrir ce livre. Il est intéressant de noter que Muhammad a emprunté cela à la religion juive.

CHAPITRE V

L'islamisme en France et dans le monde

Paul OHLOTT : Existe-t-il un islam modéré et un islam radical, ou est-ce que le véritable islam est forcément radical ?

Saïd OUJIBOU : De nombreux musulmans, que ce soit en Indonésie ou dans d'autres pays, sont analphabètes. Beaucoup ne peuvent pas lire le Coran ou tout du moins le comprendre par eux-mêmes. Cette frange de la population fait partie pour moi d'un islam populaire et traditionnel, et qui est modéré tant que l'on ne touche pas à leurs croyances. C'est un courant qui peut, selon le contexte, se radicaliser. Par exemple, si dans une telle famille, l'un des membres se convertit au Christ, la radicalisation sera immédiate et contagieuse. L'aspect modéré n'est donc qu'une apparence.

Il y a différentes sortes d'islam. Outre le traditionnel, il y a l'islam de l'exclusion, l'islam néo-communautaire, l'islam des banlieues, l'islam des jeunes, l'islam de la prospérité, … et tous composent à leur manière avec le halal et le haram, le licite et l'illicite. Et puis, vous avez un islam qui ne veut surtout pas s'occidentaliser, un islam radical, rigoriste, salafiste, et qui est issu du wahhabisme d'Arabie Saoudite ou de quelques réformateurs aux discours tranchés, vis-à-vis de tout ce qui touche de près ou de loin à l'Occident.

Pour être franc, cet islamisme rigoriste n'est pas une interprétation erronée du Coran, mais c'est le véritable enseignement du Coran, de la même manière que l'on ne peut pas compromettre l'Évangile par une interprétation libérale. Si l'on veut être honnête donc, quand on est musulman, on doit ramener tous les infidèles à leur islam naturel, car selon la doctrine coranique : tous les hommes sont musulmans, mais certains ne le savent pas.

Un jour, je prêchais l'Évangile à Tours, et quelques salafistes sont venus me voir. Ils m'ont invité à la mosquée. Je les ai suivis et je leur ai partagé ce que signifiait la prière pour les chrétiens. Ils m'ont écouté et puis ils m'ont dit : « Saïd, tu as beaucoup de qualité… c'est dommage que tu ne sois pas musulman ». Pour un musulman, il n'y a pas d'islam de France ou d'islam en France ! Il y a l'islam d'un côté et des infidèles de l'autre. Et les infidèles doivent découvrir leur islam naturel.

P.O. : Est-il raisonnable de concevoir un islam dénué de tout esprit de conquête ?

S.O. : La conquête est réelle depuis Médine et la Kaaba. L'esprit de conquête est né à La Mecque et demeure toujours une réalité aujourd'hui, afin de convertir toutes les extrémités de la Terre. L'islam ne peut pas se renier. Un véritable musulman doit accomplir son devoir.

L'islam est une religion conquérante et offensive. L'esprit de conquête perdurera tant qu'il restera un homme non musulman sur cette planète. *Macher Allah* traduit la volonté de convertir toute la Terre à la religion du prophète Muhammad. On ne peut pas parler de l'islam et des musulmans en éludant cette réalité. Arrêtons d'être hypocrite. L'islamisme ne s'adaptera jamais et il continuera de pratiquer la politique du grignotage. L'actualité européenne fourmille d'exemples en ce sens.

P.O. : Comment expliquez-vous la haine du peuple juif, largement répandue au sein du monde musulman ?

S.O. : En 1948, avec la création de l'État d'Israël, c'est l'ensemble du monde musulman qui s'est pris une claque monumentale. La première fois que ma mère a vu un président israélien à la télévision, elle lui a craché dessus. Puis, par la suite, la plus grande des trahisons dans le monde arabe, c'est celle du président égyptien qui a signé un traité de paix avec le peuple juif. On l'a d'ailleurs remercié en l'assassinant. Pour un arabe musulman, il est très difficile d'accepter la souffrance du peuple palestinien. Ce peuple ne cesse d'être brimé et instrumentalisé de toute part… C'est catastrophique.

Comme tout musulman, j'ai vécu avec ce sentiment de haine envers les juifs, sans aucune explication rationnelle. Cette haine se transmet par le sein maternel. C'est inscrit dans notre esprit. On a beau tenir un discours de paix et de tolérance en public, lorsque l'on est entre nous on ne peut s'empêcher de railler ce peuple, tellement la haine nous ronge.

Je pense que cette haine irrationnelle prend sa source dans l'histoire biblique d'Agar et de Sarah. La jalousie et la colère sont nées de la différence entre Isaac, fils de la promesse de Dieu à Abraham, et Ismaël, le simple fils de la servante. Dans le Coran, on déforme d'ailleurs cette histoire, attribuant à Ismaël la promesse de Dieu. L'islam ne peut accepter un tel rejet et un tel affront. La haine du juif est donc non seulement historique, mais également spirituelle. Elle est déposée dans le cœur de tous ceux qui naissent dans une famille musulmane.

P.O. : Actuellement en seconde position, l'islam est-il en passe de devenir la première religion à l'échelle mondiale ?

S.O. : D'après les démographes, on peut penser que l'islam deviendra un jour la première religion au monde. Et les mêmes spécialistes estiment qu'il y aura près de 100 millions de musulmans en Europe d'ici une vingtaine d'années.

Je sais que cette réalité peut inquiéter, mais je pense également qu'il faut se réjouir de pouvoir témoigner de notre foi en Christ à toute cette foule qui cherche Dieu. Par ailleurs, étant donné que tous ceux qui naissent dans un pays islamique sont considérés et comptabilisés comme étant des musulmans, ces chiffres ne reflètent pas tout à fait une réalité spirituelle. Si, par exemple, on devait considérer que tous ceux qui mettent les pieds dans une église sont des chrétiens, on pourrait être bien plus que deux milliards. Mais est-ce bien là l'essentiel ?

P.O. : Si je comprends bien votre pensée, vous préférez partager l'Évangile avec des musulmans plutôt que des athées ?

S.O. : Les musulmans sont beaucoup plus réceptifs et ouverts sur les choses de Dieu. À mon sens, il est beaucoup plus difficile de partager sa foi avec ceux qui s'inscrivent dans un courant de pensée matérialiste. Même si le christianisme et l'islam sont très éloignés sur le plan doctrinal et théologique, les musulmans manifestent un profond respect pour le divin.

P.O. : Au-delà de l'opportunité de témoignage, ne faut-il pas néanmoins craindre une restriction des libertés et une régression dans certains domaines ? Peut-on être optimiste, au regard des pays où l'islam occupe une place importante ?

S.O. : Il est clair que dans certains pays, comme l'Angleterre, pratiquant une politique laxiste, en raison notamment du développement d'un complexe post-colonial, il y a de quoi nourrir certaines craintes. Il est inadmissible de laisser les islamistes radicaux s'exprimer en toute liberté et insulter l'Occident dans notre propre pays.

Respecter les musulmans ne signifie pas se soumettre à toutes leurs exigences et se laisser finalement gouverner par la charia. Comment peut-on accepter que des écoles ne servent plus que de la viande halal à la cantine ou que certaines piscines réservent des créneaux pour les femmes musulmanes ? Il y a des limites à la tolérance !

Je me souviens de cette jeune fille brésilienne, qui ressemblait physiquement à une Arabe et qui se faisait insulter à Bruxelles par des islamistes, parce qu'elle mangeait des frites durant la période de ramadan. Doit-on laisser émerger une telle *muttawa* (police religieuse) dans nos pays occidentaux ? Certainement pas !

Nos politiques doivent tout mettre en œuvre pour que personne ne piétine les droits de l'homme et les valeurs qui ont façonné notre nation. Oui, vous avez raison, il nous faut être prudent, vigilant et intransigeant. Nous devons refuser la prolifération d'un islam intégriste sur nos terres.

Le respect de la pratique de l'islam, ne doit pas nous amener à pactiser avec les courants intégristes. Combien de maires en France jouent à ce jeu dangereux, comme si on pouvait monnayer la paix sociale ? Si nous laissons le contrôle de certains quartiers à ces prédicateurs extrémistes, il y aura peut-être un peu moins de débauche à court terme, mais d'autres problèmes plus graves surviendront tôt ou tard. De tels pactes ne sont rien d'autres que des bombes à retardement.

Soyons bien clairs, la charia n'a pas sa place en France ou dans n'importe quel autre pays façonné par les valeurs chrétiennes. La charia est incompatible avec les valeurs de la République. Nous ne devons pas accepter de compromis à ce sujet. Et n'oublions pas que si les musulmans ont le droit au respect, ils ont aussi le devoir de s'intégrer à la société française. La France n'a pas vocation à devenir comme l'Arabie Saoudite ou l'Iran !

P.O. : Vous avez rencontré Tariq Ramadan, le petit-fils des fondateurs des Frères musulmans. Que vous inspire ce prédicateur controversé ?

S.O. : Tariq Ramadan est un intellectuel brillant, doté de surcroît d'un grand charisme. C'est la raison pour laquelle, beaucoup de médias lui tendent le micro. Il a su s'ériger comme le référent et le représentant incontournable de la communauté musulmane française. Je crois personnellement qu'il n'est pas à sa place, parce que le rôle d'un théologien n'est pas de régler les maux sociaux. Non sans subtilité, il cherche par tous les moyens à transmettre l'idéologie islamique. Il est controversé parce qu'on l'accuse de tenir un double discours, mais je peux vous assurer qu'il ne se limite pas à un double discours, il en possède au moins une dizaine dans son sac !

Quand je l'ai rencontré à Roubaix, face à 800 musulmans, il n'a pas voulu me répondre sur la loi contre l'apostasie. Voulant séduire à la fois la communauté musulmane et l'opinion française, il prend soin d'éviter certaines questions délicates. Concernant l'apostasie, il m'a répondu en m'expliquant ce que stipulait le Coran, mais il n'a pas voulu donner son point de vue personnel.

Mais bon, vous savez, Tariq Ramadan est un enfant de chœur vis-à-vis de certains islamistes présents dans nos banlieues. Il est d'ailleurs considéré comme un hérétique aux yeux de certains musulmans.

P.O. : Malgré sa médiatisation, il ne vous semble donc pas dangereux…

S.O. : Disons qu'il peut être dangereux, dans le sens où il influence, par ses connaissances, toute une jeunesse en errance. Il est le « Zinedine Zidane spirituel » des banlieues, et beaucoup sont charmés par ses discours et séduits par son charisme. Quand il y a une telle attirance et influence, il peut effectivement y avoir danger.

P.O. : Selon vous, Nicolas Sarkozy a-t-il été inspiré en créant le Conseil Français du Culte Musulman (CFCM) ?

S.O. : Je crois que c'est une bonne chose qu'il y ait un organisme représentatif de la communauté musulmane en France. L'État a besoin d'un interlocuteur et cela permet d'amoindrir les influences étrangères, telles que celles de l'Arabie Saoudite ou de l'Afrique du Nord.

Le CFCM a le mérite de rassembler les principaux courants islamiques présents sur le territoire français, ce qui leur permet de parler au nom des musulmans de France. Tout cela est très encourageant, même si on peine encore à parler d'un véritable islam de France. Les instances du CFCM ont fort à faire notamment avec la branche salafiste.

L'émergence d'un islam de France implique la révision du Coran, et c'est sur ce point-là que la tâche se complique. Des exégètes comme Tarik Oubrou, Malek Chebel ou encore Rachid Benzine tentent timidement de faire évoluer les textes, pour les adapter au contexte actuel et à la culture française. Le problème, c'est qu'ils doivent affronter une minorité intégriste qui s'impose comme une majorité. Cette minorité s'oppose à toute interprétation mise en contexte des paroles du prophète Muhammad. Il n'est pas aisé de toucher au corpus coranique…

Le problème avec les islamistes, c'est qu'ils s'opposent à la modernité, alors qu'ils en profitent largement. Ils sont bien contents de pouvoir utiliser l'Internet pour répandre leur idéologie !

P.O. : L'islam de France est-il un projet perdu d'avance ?

S.O. : Je pense que tous les efforts en ce sens vont engendrer paradoxalement et indubitablement une crispation, un repli, un renfermement et un durcissement de l'islam en France. Il y a deux forces en jeu et il faut simplement espérer que les progressistes parviendront à renverser la vapeur et à mettre un terme définitif à l'influence du radicalisme. Mais pour être honnête avec vous, je ne suis pas très optimiste, parce que la radicalisation semble souvent triompher de la raison. Dans les années à venir, nous risquons davantage d'être confrontés à un islam intolérant et incompatible avec notre République, plutôt qu'un islam modéré, un islam adapté à la culture française.

P.O. : Cinq des six premiers pays où les chrétiens sont les plus persécutés au monde, sont des pays islamiques. L'islam est-il une religion anti-chrétienne ?

S.O. : Dans l'ensemble des pays gouvernés par la charia, les chrétiens sont la première cible des islamistes. Dans de nombreux pays, on peut être arrêté et emprisonné du jour au lendemain, en étant accusé d'avoir insulté le prophète. C'est le règne de la « dhimmitude ». Les chrétiens sont considérés comme des êtres inférieurs. Toutes ces souffrances nous laissent à penser que l'islam n'est pas une religion très favorable au christianisme.

P.O. : Le 11 octobre 2007, 138 dignitaires de l'islam ont rédigé et envoyé une lettre aux principaux chefs de l'Église chrétienne dans le monde. Intitulée « Parole commune entre vous et nous », celle-ci avait pour objectif d'instaurer un nouveau dialogue islamo-chrétien. Cette initiative vous a-t-elle réjoui ou demeurez-vous sceptique, voire même soupçonneux quant à leurs réelles intentions ?

S.O. : Toute initiative est bonne si elle est sincère et si elle nourrit l'objectif de promouvoir une véritable culture de paix. Maintenant, ma crainte actuelle, c'est qu'il y ait un objectif caché. Je sais que certains responsables religieux cherchent à améliorer l'image des fondamentalistes musulmans, depuis que celle-ci a été ternie par les attentats du World Trade Center et les nombreux autres attentats perpétrés un peu partout en Europe. S'ils pensent que l'on va tout oublier et tout effacer grâce à une simple lettre signée par des dignitaires, ils se trompent lourdement. L'Occident ne va pas avaler une telle pilule, du moins je l'espère !

S'ils veulent redorer leur image et s'ils cherchent vraiment la paix, qu'ils le prouvent concrètement au quotidien. Depuis 2001, quels sont les efforts réels effectués par les pays islamiques pour le développement de la paix ? Quels pays se proposent de respecter la réciprocité ? Quels pays islamiques luttent activement contre l'islamisme ? Vous l'avez dit vous-même, M. Ohlott, en 2010, cinq des six premiers pays où les chrétiens sont les plus persécutés au monde, sont des pays islamiques.

En préférant chasser des travailleurs sociaux, comme on l'a encore vu récemment au Maroc au mois de mars 2010, plutôt que de lutter contre l'islamisme, le monde musulman ne nous rassure pas beaucoup sur ses réelles intentions. Vous savez, les chrétiens originaires d'Afrique du Nord ou du Moyen-Orient, connaissent très bien l'islam. On ne se laissera pas fourvoyer par un petit courrier.

Quand on est pour la paix, on prend position pour la paix. Tant qu'ils s'en tiendront à de beaux discours, mais que l'on ne verra rien de concret dans leurs pays, on ne peut que douter de l'objectif qu'ils cherchent à atteindre.

P.O. : Etes-vous inquiet à l'idée que la Turquie puisse entrer dans l'Union européenne ?

S.O. : Je connais beaucoup d'anciens musulmans qui vivent actuellement en Turquie, et il est très clair que leur situation est préoccupante. Malgré sa laïcité proclamée, on ne quitte pas facilement l'islam dans ce pays. Les anciens musulmans subissent de nombreuses vexations, voire même des menaces. À tel point d'ailleurs, que certains chrétiens ne sortent pas seuls ou font appel à des gardes du corps lorsqu'ils ont des positions importantes.

Pour être très sincère avec vous, oui, je suis inquiet par la probable adhésion de la Turquie à l'Union européenne. Tant que ce pays ne parvient pas à faire respecter les libertés fondamentales sur son territoire, il est totalement déraisonnable de l'annexer à l'UE. Malheureusement, comme toujours, ce ne sont pas les droits de l'homme qui priment. Si nous laissons entrer ce pays, nous allons encore renforcer cette idéologie islamiste qui s'inscrit en porte-à-faux avec nos valeurs, notre culture et notre identité.

P.O. : Comment expliquez-vous que les maires se soucient du bien-être des musulmans, mais se désintéressent très souvent des communautés évangéliques, quand ils n'essaient pas de provoquer leur fermeture au nom de la lutte anti-sectes ou des problèmes de sécurité ?

S.O. : On remarque un changement dans certaines banlieues, notamment en périphérie de Lyon. Les leaders musulmans se sont rapidement aperçus du pouvoir qu'ils pouvaient avoir dans certaines municipalités, en raison de leur potentiel électoral. Les musulmans sont intelligents et ont compris que s'ils veulent obtenir certaines choses, et notamment des aides pour la construction de leurs mosquées, ils se doivent d'être des citoyens à part entière.

Dans notre saint milieu évangélique, nous sommes tellement animés de la gloire divine, que l'on ne comprend même pas l'intérêt de se rendre aux urnes pour voter. Combien de fois ai-je entendu que le chrétien ne doit pas aller voter ? Très bien, mais si vous croyez que vous n'avez aucun rôle à jouer dans la société, soumettez-vous pleinement aux autorités, même si ça ne vous arrange pas, et arrêtez de vous plaindre.

Il est facile de critiquer l'emprise politique des musulmans et les avantages octroyés par certaines municipalités, mais si cette situation nous révolte, cessons de briller par notre absence et faisons entendre la voix de l'Évangile. Commençons par nous engager politiquement et socialement ! Notre devoir de chrétien dépasse largement les quatre murs de notre église locale. Si tous les chrétiens s'intéressaient un tant soit peu à la politique, nous aurions une toute autre influence sur la société.

Dans de nombreuses villes, les pasteurs n'ont jamais rencontré le maire, et ce dernier ne sait même pas que de telles communautés existent dans sa juridiction. Plus encore, combien d'églises participent au forum annuel des associations ? N'est-ce pas une idée toute simple qui nous permet d'aller à la rencontre des autres et de faire connaître nos activités à l'échelle locale ? Et avons-nous pris le temps de rencontrer les responsables religieux de la commune pour leur offrir un petit cadeau évangélique et les informer de notre existence ?

J'invite solennellement tous les citoyens du Ciel à redescendre un peu sur Terre pour s'investir pleinement dans ce jardin que Dieu nous a confié, et pour devenir les acteurs du changement à venir.

CHAPITRE VI

Pour une Eglise de proximité dans les cités

Paul OHLOTT : Vous affirmez que l'Évangile est le seul espoir pour nos banlieues françaises. Qu'entendez-vous par là et que préconisez-vous ?

Saïd OUJIBOU : Nous avons déversé énormément de subventions à tous ceux qui galèrent et que l'on a regroupé dans nos banlieues. Pour autant, la situation n'a guère évolué. Ils vivent dans un environnement détestable. Leur ghettoïsation est comparable à un enfermement carcéral. Certains quartiers sont des prisons à ciel ouvert. À tel point que certains ados n'ont jamais quitté ce lieu et n'ont jamais vu la Tour Eiffel ! Lorsque je travaillais comme éducateur, j'ai amené des ados dans les Alpes... ils étaient bouche bée face à une fourmi et quand ils ont trouvé une limace, ils ont cru rencontrer un « craptozor » ! Comment peuvent-ils vivre et s'épanouir, s'ils ne connaissent rien d'autre que leur banlieue, sinon par télé interposée ?

Malgré les subventions et les initiatives, les politiques se suivent et se ressemblent. Rien ne change. Tout cela provoque un sentiment de rejet et d'abandon, ce qui engendre une marginalisation et une rébellion. Les colères et les haines se déposent et s'accumulent dans le cœur de tous ces démunis qui empruntent les chemins de l'illégalité, faute de pouvoir, ne serait-ce que rêver, à un quelconque avenir.

Quand on prend conscience de cet engrenage sans fin, on réalise que le premier changement ne peut être que celui du cœur. On n'apaisera pas les colères et les haines à coup de subventions. En revanche, je crois que l'Évangile a le pouvoir de transformer radicalement un individu, de chasser toute haine et de lui faire entrevoir un avenir sous un tout autre regard. Cette jeunesse désenchantée des banlieues n'a pas besoin d'être manipulée par un islam rigoriste et rebelle envers l'Occident, mais d'une expérience puissante, d'une rencontre réelle avec le Christ.

La haine actuelle est si forte, que si vous installez des bancs en or, ils seront tagués et détériorés dès le lendemain. L'Évangile est la solution à ce mal-être qui ronge nos banlieues. L'amour de Dieu peut répondre à leur sentiment de rejet et d'abandon. Cela fait maintenant des années que je travaille dans les banlieues, et j'ai vu de nombreux jeunes être changés par l'Évangile de Jésus-Christ. Si notre cœur change, notre regard sur la vie change également. Et c'est fort de ce nouveau regard, que l'on peut s'engager pour travailler au mieux-vivre ensemble. L'engagement citoyen et politique, comme c'est mon cas avec le Parti Républicain Chrétien (PRC), n'est que la conséquence d'un changement préalable des cœurs. Si les cœurs ne sont pas disposés, aucune politique ne pourra fonctionner.

Quand je regarde les Etats-Unis, je m'aperçois que certains quartiers ont été complètement transformés, dès lors qu'ils ont été investis par des associations chrétiennes. L'Évangile est une bonne nouvelle pour les paumés, les délinquants, les drogués… Le Christ appelle les chrétiens à annoncer son Évangile dans le monde entier, mais avant de partir à l'autre bout de la planète, pensons à la possibilité de nous engager dans notre propre pays, dans ces quartiers assoiffés d'espérance et d'amour. Si nous aimons notre pays, investissons-nous ! Ne nous enfermons pas, ne restons pas bloqués par la peur, ne laissons pas le terrain aux prédicateurs de haine, mais travaillons ensemble au changement des cœurs.

Je crois beaucoup à l'éducation, à l'encouragement, à la valorisation, à l'accompagnement. Je crois que l'on peut mettre en place un vrai projet politique motivé et inspiré par notre pensée chrétienne. En s'éloignant des valeurs chrétiennes, la France s'est éloignée de la solution. Retrouvons-les, vivons-les et inculquons-les ! La jeunesse des banlieues en a besoin et je regrette que le monde chrétien, et notamment le milieu évangélique, ait brillé par leur absence et leur indifférence. En tant que chrétiens engagés, soyons présents dans ces quartiers. Commençons par des choses très simples, telles que l'alphabétisation des mères immigrées, ou l'accompagnement scolaire des enfants. Soyons une lumière dans cette prison à ciel ouvert.

P.O. : Le dialogue serait plus productif que la répression ?

S.O. : Tant que l'on ne réalisera pas que l'être humain est doté d'un cœur, et que nous avons tous besoin de nous sentir aimé, reconnu et respecté, aucune politique ne produira d'effets. Il est primordial de comprendre les fondamentaux de la dignité humaine, avant d'espérer apporter un quelconque changement. Aujourd'hui, on tente par tous les moyens de colmater les brèches et de poser des rustines, mais on ne s'attaque pas aux vrais problèmes. Il est temps d'instaurer un dialogue avec ces zones où la tension est vive.

Nous devons changer notre comportement avant d'espérer changer celui des jeunes qui s'adonnent à la délinquance et au trafic en tout genre. Comment voulez-vous être écouté par cette jeunesse, si vous ne lui laissez aucune perspective d'avenir et que vous la logez dans des blocs de béton insalubres ? Vous ne pouvez pas piétiner leur dignité et attendre en retour un comportement exemplaire. Leur rébellion est une réaction prévisible à notre manque de considération.

Nous avons nié, depuis bien trop longtemps, les causes réelles de tous ces maux sociaux dans nos banlieues. Pourquoi personne ne daigne prendre le temps d'écouter les mères, les pères et tous ces jeunes en proie à d'innombrables difficultés ? Faut-il accepter que les chances ne soient pas les mêmes pour tous, au sein de notre République qui prône l'égalité et la fraternité ? Est-il acceptable que certains soient condamnés, dès leur naissance, du simple fait qu'ils voient le jour dans un HLM de Seine-Saint-Denis plutôt que dans une villa du XVIe à Paris ?

Je crois en une politique qui s'appuie sur les valeurs bibliques. Je crois en une politique qui se fonde sur l'amour du prochain. Tout le reste n'est que du blabla. On ne soignera pas nos banlieues avec de la pommade, ou en distribuant quelques tracts en période électorale, mais en œuvrant de tout notre cœur au mieux-vivre ensemble. C'est pourquoi d'ailleurs, je partage pleinement la démarche du Parti Républicain Chrétien.

P.O. : De quelle manière allez-vous à la rencontre des musulmans dans les banlieues ? Débarquez-vous dans ces quartiers avec la Bible sous le bras ?

S.O. : Pour répondre à certains besoins, et face à une population qui se situe à mille lieues de notre monde chrétien, il faut nécessairement réaliser un effort d'adaptation. Je ne me rends pas dans ces quartiers avec la Bible sous le bras, mais avec la Bonne Nouvelle de Jésus-Christ dans le cœur. Beaucoup y sont allés avec la Bible sous le bras, comme si cette parole divine était un flingue. Je ne crois pas que ce comportement reflète l'esprit de l'Évangile. Personnellement, je préfère aller à l'encontre de ces populations avec une attitude d'amour, d'humilité et de respect. Je n'y vais pas pour un quelconque motif d'intérêt personnel, mais parce que mon cœur brûle pour ces gens en souffrance.

En tant que chrétiens, nous devons aller dans ces banlieues, parce que Jésus a lui-même traversé de nombreuses banlieues. Nous devons être présents dans ces quartiers difficiles, parce que ce ne sont pas les bien-portants qui ont besoin d'un médecin. Et vous savez, quand je fais du porte-à-porte, je rencontre trois agents destructeurs : le tabac, l'alcool et la télévision. Quel peut être l'avenir d'un foyer qui empeste le tabac, qui s'abreuve d'alcool et dont les membres s'abrutissent en regardant la télévision à longueur de journée ? Derrière les murs de béton et les beaux rideaux accrochés aux fenêtres, il règne une misère insondable.

Cette misère engendre bien souvent une sécheresse spirituelle. Et pourtant, si vous croyez que ces gens vont frapper à la porte de votre église, vous pouvez attendre longtemps ! En tant que disciple du Christ, c'est à nous qu'il appartient d'aller vers ces populations en détresse. Au début, on s'y rend peut-être dans un élan de compassion, mais on découvre rapidement que ces gens ont beaucoup à nous apprendre et à nous donner en retour. Il ne faut pas y aller avec un discours tout fait et des versets bibliques plein la tête, mais avec une disposition de cœur fixée sur l'écoute.

Une bonne attitude et quelques mots suffisent généralement à réconforter une personne plongée dans la tourmente. Il ne faut pas aller chez eux avec une valise remplie de tracts, mais avec un cœur bien disposé, et des paroles d'encouragements et de bénédictions. Le reste appartient à Dieu et soyez certain que le Seigneur ne manquera pas de faire sa part. J'ai vu des familles restaurées et complètement transformées par la puissance de l'Évangile. J'aime cette parole du Christ, dans l'Évangile de Jean : « C'est à l'amour que vous aurez les uns envers les autres, que l'on reconnaîtra que vous êtes mes disciples ». C'est facile de parler de Jésus et de déblatérer toutes sortes de discours pastoraux, mais c'est un tout autre défi que d'aimer ceux qui nous entourent. Avant de parler, Jésus prenait le temps d'aimer les gens, de s'asseoir avec eux et de s'intéresser à leur vie. En sommes-nous capables ?

Qu'en est-il aujourd'hui dans nos églises ? Est-ce que nous aimons véritablement ces quartiers difficiles ou est-ce que nous préférons les éviter ? Est-ce que nous aimons ces populations fragilisées, qu'elles soient françaises, africaines ou arabes ? Allons dans ces quartiers, avec un cœur plein d'amour, sans préjugé, avec humilité, et convaincu que l'Évangile percera les cœurs ! Proposons des animations et du rire à ces jeunes qui ne partent jamais en vacances ! Croyons aux valeurs de l'Évangile, mais croyons aussi aux valeurs sportives et éducatives. Organisons des soirées multiculturelles. N'érigeons pas des murs entre les communautés spirituelles. Oui, apprenons à aimer concrètement ces populations, quand bien même ces familles seraient juives, musulmanes ou bouddhistes.

Oui, c'est le devoir des chrétiens d'aller dans ces quartiers. Nous ne sommes pas des ampoules accrochées au plafond de notre église, mais nous sommes la lumière de ce monde. Si nous croyons en cette parole du Christ, pourquoi brillons-nous par notre absence ? Arrêtons d'avoir peur ! Arrêtons de nous renfermer sur nous-mêmes ! Arrêtons les préjugés sur ces populations étrangères ou d'origines étrangères ! Plus les quartiers sont chauds, plus les cœurs sont ouverts et assoiffés par le message évangélique d'espérance, d'amour et de paix.

P.O. : Les chrétiens, et notamment les protestants évangéliques, pècheraient-ils par un excès de spiritualité, au point de négliger l'importance d'un engagement social ?

S.O. : Oui, je pense que nous spiritualisons un peu trop le monde qui nous entoure, et nous oublions que le Christ ne nous a pas commandé de bâtir des lieux saints, mais bien au contraire, de parcourir le monde et d'aller vers les autres. Arrêtons d'attendre que les gens viennent frapper à la porte de nos saintes églises, et allons vers ceux qui voudront bien nous recevoir.

D'une manière générale, nous sommes beaucoup trop absents de la société, et nous nous coupons malheureusement de la réalité de ce monde. Quand j'emmène certains chrétiens dans les quartiers chauds, ils deviennent plus blancs que blanc ! On peut lire la peur panique sur leur visage. Puis, quand ils vont jusqu'au bout de leur démarche, qu'ils font l'effort de parler à ces jeunes et de témoigner de leur foi, on ne parvient plus à les arrêter !

Il y a quelques années, je me suis rendu à Lyon, et j'ai emmené un groupe de chrétiens évangéliques pour aller à la rencontre des prostituées pour leur offrir une rose et le film *Jésus*. Les filles évangéliques se sont mises à pleurer à chaudes larmes, parce qu'elles vivaient depuis des années dans cette ville, sans savoir qu'il y avait une telle misère de l'autre côté de la rue !

Comprenez bien que je ne cherche pas à culpabiliser qui que ce soit ou à condamner telle ou telle autre église, mais je voudrais encourager tous ceux qui me lisent à vivre pleinement l'Évangile. Levons-nous de notre fauteuil de cuir et sortons de nos lieux saints !

P.O. : Les églises sont parées à toutes sortes d'activités, que ce soit les groupes de jeunes, les réunions de prière, les études bibliques, les cultes...etc. Mais les églises françaises peuvent-elles accueillir et prendre soin de personnes présentant de lourds problèmes sociaux ? Aller à la rencontre des prostituées, comme vous l'avez fait à Lyon, est une chose. S'occuper de la restauration intégrale de prostituées qui voudraient se tourner vers le Christ, en est une autre... Ne faut-il pas une structure bien particulière et du personnel qualifié ?

S.O. : Merci pour la question M. Ohlott ! Je crois que lorsque des âmes ont soif de Dieu, il ne faut pas réfléchir pendant quinze ans pour savoir s'il est de notre devoir de leur parler de Dieu. En prêchant l'Évangile à des personnes en difficulté sociale, nous commettrons peut-être des erreurs, notamment par manque de professionnalisme. Mais ce dont je suis sûr, c'est qu'en restant cloîtré dans notre saint ghetto, nous commettrons la pire des erreurs, celle de désobéir à l'appel de Dieu pour nos vies. Un disciple n'est pas censé tout savoir et tout connaître. D'ailleurs, les premiers disciples ont commis des erreurs et Jésus n'a pas manqué de les reprendre. Un disciple, c'est un chrétien qui s'engage au service de Dieu et qui lui fait pleinement confiance. Est-ce qu'on ne se réfugie pas derrière cette excuse pour se refuser à toute action de ce genre ? Est-ce qu'on est prêt à pleurer avec ceux qui souffrent et à aimer de manière désintéressée ? Je ne crois pas que Dieu nous reprochera de ne pas avoir su tout faire, mais je crois qu'il nous reprochera notre inaction.

Regardez-moi ! Je ne suis pas comédien et je ne suis pas le Jamel Debbouze des évangéliques... Cela ne m'a pas empêché de produire un One Man Show intitulé *Liberté, Egalité, Couscous* et de toucher énormément de musulmans par ce biais-là. Nous n'avons pas toujours besoin d'être de grands professionnels pour transmettre le message de l'Évangile, même si, nous sommes d'accord, la qualité professionnelle ne gâche rien à l'affaire !

Attention néanmoins de ne pas déformer ma pensée. Je ne dis pas qu'il faut faire n'importe quoi, au nom de l'Évangile ! Si vous projetez aujourd'hui le film *La Croix et le Poignard* dans les banlieues... je vous préviens que ça risque de faire un peu ringard !

P.O. : Chaque année, vous réalisez un petit tour de France des églises. Sont-elles impliquées dans l'évangélisation ?

S.O. : 80% des églises dans lesquelles je me rends, n'ont pas de groupes d'évangélisation, n'ont pas de stands et n'ont pas une petite bibliothèque avec des prospectus adaptés. J'ai parfois l'impression que certaines églises attendent ma venue pour me refourguer des vieux prospectus qui sentent le moisi, parce que personne n'y a touché depuis 20 ans, et afin que je libère un peu d'espace dans leur bureau ! Je vous assure M. Ohlott, on m'a déjà remis des prospectus qui dataient de 1970 ! Véridique ! J'aimerais qu'il y ait moins de chantres, moins de théologiens, … et plus d'hommes et de femmes d'action sur le terrain.

P.O. : Ce que vous rapportez est étonnant, parce que la presse française dépeint systématiquement les évangéliques comme des prosélytes… Visiblement, vous aimeriez que ce soit le cas, mais aujourd'hui les églises seraient loin du compte ?

S.O. : Je suis prosélyte, dans le sens où j'aime partager ma foi, mais je n'accepte pas le prosélytisme qui vise à violer psychologiquement une personne fragile. Et il en est ainsi de tous les chrétiens, n'en déplaise aux médias qui cherchent à nous salir sans même nous connaître ! Le Christ ne s'accepte pas dans la contrainte. Une conversion forcée n'a strictement aucun intérêt ! Nous ne sommes pas appelés à faire le jihad ! Naître de nouveau (devenir un *born again*), c'est entreprendre une démarche personnelle de foi. On peut aider une personne à entreprendre une telle démarche, mais on ne peut pas la faire à sa place.

Notre témoignage ne peut se transmettre que dans l'amour, dans la liberté et dans le respect. Si nous ne sommes pas animés par ces sentiments, alors nous sommes des charlatans ! De même si nous confondons l'Église avec une usine qui se doit de faire du chiffre. Jésus ne nous demande pas de développer une dénomination quelconque, mais de témoigner du message de l'Évangile. C'est radicalement différent. Ne perdons pas de vue que les résultats appartiennent à Dieu. Seul son Esprit peut convaincre un cœur d'accepter le Christ comme Seigneur et Sauveur.

ANNEXE 1 – IMMIGRATION

Une politique humaine et rationnelle

Extrait du discours de Paul OHLOTT, prononcé au cours des troisièmes Universités d'été du Parti Républicain Chrétien (PRC) et publié dans le magazine *Alternative Chrétienne* (n°2 / Novembre 2009). Reproduit avec autorisation.

~~~~~~~~~~~~~~~~~~~~

L'immigration est un sujet délicat, passionnel et conflictuel. C'est un sujet qui véhicule de nombreuses peurs et en particulier celle de l'insécurité. Les peurs sont si fortes, que deux camps radicalement opposés se forment. Alain Morice, chercheur au CNRS, parle même aujourd'hui d'une « guerre à l'émigration », une guerre qui comporte son lot de morts.

Nous avons tous en tête ces boat-people où des milliers d'hommes et de femmes sont prêts à risquer leur vie pour s'enfuir de la misère et tenter illégalement une autre vie dans un pays riche. Cependant, si nous sommes appelés à mener une politique humaine, celle-ci doit être malgré tout rationnelle et non émotionnelle. Les médias savent nous émouvoir de manière très professionnelle, mais on ne gère pas un pays et une question aussi cruciale, en se basant sur des histoires bouleversantes.

La maîtrise des flux migratoires

La France est de longue date un pays d'immigration. Cette immigration a joué un rôle important dans le peuplement, l'industrialisation,
~~~~~~~~~~~~~~~~~~~~

l'urbanisation et même en terme d'enrichissement culturel. La France est une mosaïque et la diversité doit être perçue, non comme un danger, mais comme une richesse. Néanmoins, pour qu'il n'y ait pas de basculement, pour que cette immigration demeure un apport positif et non une menace pour l'identité française, on se doit bien évidemment de maîtriser les flux migratoires.

La politique d'immigration ne doit pas être une politique figée, mais elle se doit au contraire, d'être en parfaite adéquation avec le contexte contemporain. De toute évidence, le contexte de la France du XXIe siècle est très différent de la réalité du XIXe ou de la première moitié du XXe siècle. On le voit d'ailleurs dans les statistiques, en France, l'immigration dite de « main-d'œuvre » ne représente plus que 4,7% des flux migratoires, alors qu'elle était de 80% en 1965.

On peut en déduire que la France ne présente plus un besoin réel immense en terme d'immigration. Alors, cela ne signifie pas pour autant qu'il faut prôner une fermeture des frontières, percevoir tout étranger comme un danger, et proclamer une « immigration zéro » comme dans les années 70, mais cela impose effectivement une réelle maîtrise des flux migratoires, si on souhaite connaître, dans les années à venir, une bonne santé économique.

Et quand on voit le véritable « malaise des banlieues » et les forts taux de délinquance liée à l'immigration, il me semble raisonnable d'accueillir moins d'étrangers et de s'occuper davantage de ceux qui sont déjà sur le territoire français. Donc limiter l'immigration, non par peur de l'étranger, mais pour se consacrer davantage à l'intégration des étrangers présents en France, et afin de s'assurer une bonne santé économique.

Immigration choisie ?

Depuis 2002, le gouvernement en place prône une « immigration choisie ». C'est un concept à double tranchant. Personnellement, je suis favorable à ce concept, si on entend par « choisie », que certains prérequis soient respectés par le nouvel arrivant. En effet, il est normal que les candidats à l'immigration manifestent un réel attachement à la France et souhaitent s'y intégrer le mieux possible.

En revanche, je suis défavorable à ce concept d'immigration « choisie », si on s'en sert pour piller les cerveaux des pays de départ. Dans certains pays, cette fuite des cerveaux s'avère tout simplement désastreuse. Il faut savoir que lorsque le taux d'expatriation des personnes qualifiées est faible (<15%), les effets positifs l'emportent généralement sur les effets négatifs pour le pays de départ. C'est le cas pour des grands pays d'émigration comme la Chine, l'Inde, le Brésil, l'Indonésie, le Pakistan ou encore la Russie.

Mais dans les Caraïbes ou dans de nombreux pays en Afrique, le taux d'expatriation des personnes qualifiées s'élève à plus de 30% et peut même parfois atteindre 70%. En conséquence, certaines professions connaissent une véritable hémorragie. Par exemple, si on regarde les 13 pays africains où la pénurie en personnels de santé est dramatique, ils ont des taux d'expatriation des médecins et autres professions médicales supérieures à 50% !

Donc, choisir des candidats à l'immigration qui aiment la France, veulent s'y intégrer et s'y investir, oui ! Mais choisir uniquement les élites des pays en voie de développement, en sachant parfaitement que cette politique va les condamner et les conduire au désastre, certainement pas !

Immigration et islam

La question de l'islam est délicate, mais cruciale. Les tensions avec l'islam, au sein de la République française, existent depuis plus de 20 ans. On parle aujourd'hui de foulard et de burka. On parlait déjà du foulard en 1989 ! Ce n'est donc pas récent, mais de plus en plus préoccupant, parce que l'islam et plus encore l'islamisme tend à se développer.

Il faut quand même savoir qu'en France, tous les mouvements islamistes sont implantés et connaissent un essor. Bien que minoritaires pour le moment, ils sont chaque jour plus nombreux à rêver remplacer notre Constitution par le Coran ! Et cette situation n'est pas acceptable. À titre d'exemple, l'Union des Organisations Islamiques de France (L'UOIF), qui rassemble plus de 300 associations islamiques, est le mouvement islamique le plus important en France. L'UOIF est la branche la plus importante du CFCM (le Conseil Français du Culte Musulman), l'unique organe officiel de dialogue avec l'État. Cette voix incontournable du monde musulman en France n'est autre que la voix des Frères musulmans. Et pour vous donner une idée, on estime à plus de 55 000 le nombre d'islamistes actifs sur le territoire français. Je vous laisse imaginer les dégâts que cela peut occasionner.

Soyons bien clair : Le PRC n'a pas vocation à imposer une religion unique – à savoir le christianisme – et à interdire les autres religions telles que l'islam. Néanmoins, il me semble important de rappeler que respecter l'identité du pays d'accueil fait partie des prérequis à l'immigration. La France est un pays judéo-chrétien, et doit le rester ! Les 5 millions de musulmans en France doivent, bien évidemment, conserver leur liberté de culte et de croyance, mais ils ne doivent pas imposer la charia ou placer la charia au-dessus des lois françaises. Il ne doit y avoir aucune place en France et en Europe, pour la charia. Et nous devons être intransigeants sur le fait que tout prédicateur, qui ne respecterait pas le fondement judéo-chrétien de la France, l'identité française, devrait être expulsé.

Autant, je suis persuadé qu'une immigration bien maîtrisée est une bénédiction pour la France, autant l'islamisme est un véritable poison et un véritable danger pour notre identité, notre culture et nos valeurs.

L'immigration clandestine

La lutte contre les réseaux clandestins doit être une priorité, car il n'y a pas de maîtrise réelle des flux si on naturalise toutes les personnes immigrées qui sont parvenues illégalement sur le territoire français. La fermeture de Sangatte en 2002 ou le démantèlement de la jungle de Calais ne sont que de la poudre aux yeux. Le gouvernement n'a, en aucun cas, réglé le problème des personnes exilées.

A l'heure actuelle, nous ne connaissons pas le nombre de sans-papiers présents sur le territoire français. En la matière, les compteurs s'affolent et les chiffres peuvent passer du simple au quintuple (150 000 à 800 000). Il me semble donc indispensable de commencer par dénombrer les immigrés en situation irrégulière, de recenser leurs attentes, et de les aider au mieux et au cas par cas, tout en condamnant à de fortes sanctions pécuniaires et pénales toute personne favorisant l'entrée de clandestins.

700 millions d'euros par an

Il faut savoir que la lutte contre l'immigration clandestine coûte près de 700 millions d'euros à la France chaque année, dont 560 millions d'euros en masse salariale (11 482 postes) et 40 millions d'euros en frais d'éloignement. Les frais de fonctionnement des Centres de Rétention Administrative (CRA) sont colossaux. Je peux donc comprendre qu'Éric Besson, ministre de l'Immigration, déclare qu'il « faudrait que les partisans du maintien des immigrés clandestins et des sans-papiers sur notre territoire, se fassent connaître de manière à leur imputer directement le coût de ces tentatives d'insertion sur le montant de leur impôt sur le revenu ».

Les immigrés ne fuient pas leurs pays sans raison. S'ils sont prêts à mourir, c'est qu'ils n'ont rien à perdre. Je me pose alors la question, ne pourrait-on pas utiliser ces 700 millions d'euros autrement ? À l'heure actuelle, cette somme colossale est une dépense et non un investissement. Une dépense qui ne cessera jamais, tant que l'on ne règlera pas le problème à sa source.

La meilleure lutte contre les réseaux clandestins, consiste à aider les pays de départ à se développer. Ne dépensons plus bêtement ces 700 millions d'euros, investissons-les pour permettre à l'Afghanistan et à de nombreux autres pays de quitter la misère dans laquelle ils sont embourbés. Je suis favorable à l'expulsion des clandestins, si parallèlement, nous participons à éradiquer la misère, cause de nombreuses folies migratoires.

Bien sûr, la France ne pourra pas, à elle seule, venir à bout de tous les problèmes du monde, mais elle doit faire sa part, de même que l'Union européenne. Ne gaspillons plus ces 700 millions d'euros, utilisons-les de manière efficace.

REPERES – Brève histoire politique de l'immigration en France (P. OHLOTT)

- Au cours de la IIIe République, la France manifeste la volonté de construire un État-nation centralisé, d'imposer une seule et unique langue (le français) et de maintenir clairement la distinction entre le français et l'étranger. À cette époque, ce nationalisme est tellement prononcé qu'il dérive parfois vers la xénophobie, le racisme ou encore l'antisémitisme. Pour mettre en place cette volonté politique, l'État s'est doté d'un ensemble de lois et de décrets visant à encadrer, contrôler et limiter l'immigration.

- **Entre 1935 et 1944**, la politique de l'immigration est dite « rationnalisée ». Georges Mauco, un expert en immigration, prône une « politique de sélectivité, non seulement ethnique, mais aussi professionnelle et sanitaire ». On assiste à un interventionnisme de la part de l'État. Malheureusement, la théorie de Georges Mauco s'appuie sur des préjugés à consonance raciste. En effet, le recrutement de la main-d'œuvre étrangère se poursuit dans les secteurs économiques nécessitant leur présence, mais les chômeurs étrangers sont expulsés par une administration zélée. Le décret du 6 février 1935 autorise le non-renouvellement des cartes d'identité des étrangers exerçant une profession touchée par le chômage et n'ayant pas séjourné plus de dix ans sur le sol français. À partir de 1940, le droit d'asile n'existe plus et la naturalisation des étrangers est remise en cause. D'ailleurs, cette année-là, 150 000 étrangers perdent leur nationalité française.
- **En 1965**, l'immigration du travail représentait 80% des entrées.
- **En 1974**, la France décide officiellement de « fermer ses frontières ». On parle même d' « immigration zéro ». Néanmoins, le gouvernement Chirac autorise le regroupement familial.
- **En 1975**, l'immigration du travail ne représente plus que 20% des entrées.

- **En 1977**, si le regroupement familial est toujours en vigueur, l'idée paradoxale d'un « rapatriement » des étrangers s'impose. L'État accorde une aide de 10 000 francs, en guise de prime au retour volontaire des immigrés. Mais cette politique n'obtient aucun résultat probant.
- **Dès 1981**, l'arrivée de la gauche au pouvoir ne remet absolument pas en cause la « fermeture des frontières » et le gouvernement mitterandien ouvre des camps de rétention permettant l'expulsion des clandestins.
- **En 1984**, le malaise des banlieues propulsent le Front national au devant de la scène. Lors des élections européennes, le FN obtient plus de 10% des voix. Dès cet instant, l'ensemble des politiques s'interroge de plus en plus sur l'immigration. L'immigration est-elle une chance ou un risque ?
- **En 1986**, à la suite d'attentats terroristes, la droite établit la politique des visas pour les pays du Maghreb.
- **En 1989**, c'est le début de l'affaire des foulards. Des jeunes filles musulmanes veulent le porter à l'école publique. Depuis 20 ans donc, la confusion immigration/islam ne cessera de se renforcer au sein de l'opinion publique.
- **Dès 1993**, la loi se durcit. Les enfants, nés en France de parents étrangers n'acquièrent plus automatiquement la nationalité française à leur majorité. Ils doivent désormais manifester le désir de devenir français entre 16 et 21 ans. Un autre texte interdit l'acquisition de la nationalité française à un jeune majeur condamné à 6 mois de prison ferme. Quant au regroupement familial, il n'est possible qu'après deux années de séjour et les maires peuvent suspendre la célébration d'un mariage « suspect ».
- **En 1994/1995**, de nouvelles vagues d'attentats confortent l'idée d'un danger islamiste de plus en plus sérieux et renforcent la méfiance à l'égard des musulmans.
- **En 1997**, la gauche revient au pouvoir, mais rien ne change. Les différentes lois élaborées par la droite ne sont pas abrogées. La gauche ne supprime ni les visas, ni les contrôles de police, ni les

reconduites à la frontière. La fin du XXe siècle marque le début de l'immigration dite « choisie ».

- **Depuis 2002** et le retour de la droite au pouvoir, le thème « immigration et insécurité » se voit renforcé.

REPERES – Les principales statistiques sur l'immigration (P. OHLOTT)

- Selon les Nations unies, il y avait 82 millions de migrants internationaux en 1970. On est passé à 100 millions en 1980, 154 millions en 1990, 175 millions en 2000, 190 millions en 2005 et on avoisine aujourd'hui les 200 millions. Actuellement, la hausse est de 2,1% par an.
- L'Union européenne compte 19 millions d'immigrés, soit 5% de la population.
- Au sein de l'UE, entre 1991 et 2000, 6 millions d'immigrés ont acquis la nationalité de leur pays d'accueil.
- Actuellement, il n'existe aucune politique européenne de l'immigration. Les états-membres restent souverains en la matière. Et on s'achemine vers un processus de coordination plutôt que d'harmonisation. En 2009, cette coordination concerne la gestion des contrôles aux frontières, la lutte contre les clandestins, l'élaboration d'un système informatique d'échange des données entre pays membres et la création d'un fichier central d'empreintes digitales des demandeurs d'asile (Eurodoc).
- Sur les 19 millions d'immigrés au sein de l'Union européenne, la France en accueille 5 millions. Ce chiffre est minimisé puisqu'il n'inclut pas les descendants des personnes immigrées.
- 40% des immigrés français ont obtenu la nationalité française
- La France accueille actuellement 110 000 réfugiés

- La France compte également entre 150 000 et 800 000 sans-papiers.
- L'immigration de « travail » qui était majoritaire pendant des décennies, ne concerne aujourd'hui plus que 4,7% des arrivées. L'immigration familiale est en tête (49,8%), suivie de l'immigration estudiantine (25%) et enfin les demandes d'asiles représentent 20, 5%.
- À noter par ailleurs que l'immigration extra-communautaire (extra-Union europénne) ne cesse d'augmenter. On est passé de 71 000 personnes en 1994 à 161 000 personnes en 2006.
- Sur les 5 millions d'immigrés en France, la plupart proviennent de 10 pays. Dans l'ordre, on recense : 677 000 Algériens, 619 000 Marocains, 565 000 Portugais, 342 000 Italiens et 280 000 Espagnols…etc.
- Au cours des 20 dernières années, les pays d'origine ont profondément changé. L'immigration est devenue essentiellement maghrébine. Et même si le nombre n'est pas encore très élevé, il faut noter aussi que l'immigration chinoise a été multipliée par dix.

ANNEXE 2 – L'ISLAM –

Quel défi pour les chrétiens ?

Extrait du discours de Paul OHLOTT, prononcé lors de la Conférence Européenne des Chrétiens originaires d'Afrique du Nord et du Moyen-Orient (Mai 2009). Reproduit avec autorisation.

~~~~~~~~~~~~~~~~~~~~

Avant de vous dévoiler le visage spirituel de l'Europe et de la France, et de tenter de répondre au thème que l'on m'a confié, à savoir : « L'islam, quel défi pour les chrétiens ? », permettez-moi simplement de féliciter publiquement mon ami Saïd Oujibou, pour son courage et pour avoir mis en place une telle conférence. J'espère vraiment que cette conférence européenne sera la première d'une longue série !

15 millions en Europe, les musulmans sont 1,2 milliard dans le monde entier. Et parmi eux, les spécialistes estiment qu'il y a entre 20 et 25 millions d'islamistes.

Alors, qu'est-ce que l'islamisme ? L'islamisme, c'est l'intégrisme musulman. Au sein de l'islam, plusieurs courants ultra-conservateurs et rigoristes font de la religion un instrument à la fois politique et social. L'islamiste est celui qui cherche à islamiser ou réislamiser le champ social, administratif, économique et bien sûr politique dans un but bien défini de domination.

Les islamistes ne connaissent pas de graduation, ils sont capables de tuer au nom de Dieu toute personne qui, à leurs yeux, s'est écartée du droit chemin. Ils s'imposent comme les guides de la société : guides moraux, guides dans l'enseignement et guides dans le vécu quotidien. Autrement
~~~~~~~~~~~~~~~~~~~~

dit, ils interviennent dans tous les domaines de la vie du croyant. Leur islam est globalisant.

Pour mieux se convaincre de cet aspect globalisant, il suffit de s'intéresser à la mosquée et université égyptienne Al-Azhar, qui est une institution faisant autorité dans le monde islamique, au point que certains la présente comme le Vatican des musulmans. Ce qu'on enseigne dans cette université est donc révélateur de l'état d'esprit du monde islamique. Je vous lis un court extrait d'un exposé du docteur Al-Azhar :

« Les lois de l'islam appelées charia, fournissent une infaillible guidance à tous les aspects individuels et sociaux de la vie collective. La charia embrasse le rite religieux, le caractère personnel, la morale, les habitudes intimes, les relations familiales, les affaires économiques et sociales, l'administration, les droits et les devoirs des citoyens, le système judiciaire, les lois de la guerre et de la paix, et les relations internationales. L'islam est un système réaliste qui suppose que le peuple vivant selon sa voie, vivra dans une société gouvernée par l'islam ».

Pour parler clairement donc, chaque pays où les musulmans seront majoritaires, sera gouverné par l'islam. Un islam radical et globalisant. Un islam qui a réponse à tout, jusque dans l'intime et qui ne tolère pas la liberté de penser.

Quand on prend conscience de cela, on comprend alors l'absurdité du concept d'un « islam à la française » qui se voudrait laïc et tolérant. Sachez d'ailleurs que les musulmans qui soutiennent ce concept, à commencer par Dalil Boubakeur, le recteur de la Grande Mosquée de Paris, veulent parallèlement former leurs imams au sein de cette fameuse université Al-Azhar. N'est-ce pas deux volontés incompatibles ? Comment l'islam à la française pourrait-il naître de l'enseignement d'Al-Azhar ?

Mais revenons un court instant sur la définition de l'islamisme

Joachim Véliocas va encore plus loin. Chercheur en sciences politiques et auteur d'un ouvrage sur l'islamisation de la France, il précise que « la différence entre l'islam et l'islamisme n'est pas une différence de nature mais de degré. En effet, les islamistes ne font que remonter aux racines de leur religion, ayant comme seule volonté d'obéir au Coran et à la sunna dont ils appliquent la totalité des enseignements. Par conséquent, l'islam radical n'est pas une mauvaise pratique de l'islam, mais la pratique de l'intégralité de ses enseignements ».

Et l'islamologue Anne-Marie Delcambre va dans le même sens en déclarant : « Au risque de choquer, il faut avoir le courage de dire que l'intégrisme n'est pas la maladie de l'islam. Il en est la lecture intégrale. L'islam des intégristes ou des islamistes, c'est tout simplement l'islam juridique qui colle à la norme ». C'est le vrai islam ! L'islam intégral. Et cet islam qui connaît une forte expansion dans le monde entier a clairement des intentions de conquête. Selon les principaux intéressés, l'Europe serait même une cible facile.

Il y a quelques années, un représentant musulman reconnu, Muhammad Hussein Fadlallah, souvent considéré comme le chef spirituel du Hezbollah, a confirmé que « le système démocratique européen représentait le meilleur moyen de diffusion de l'islam, le canal par lequel le message du prophète pouvait le plus aisément passer ».

Et il n'est pas le seul à le penser. En Octobre 1999, un autre représentant musulman reconnu a déclaré, au cours du Synode pour l'Europe, qui s'est tenu à Rome : « Grâce à vos lois démocratiques, nous vous envahirons. Grâce à nos lois religieuses, nous vous dominerons ».

Qu'on se le dise donc, même si ce n'est pas très populaire, les stratèges des mouvements intégristes ont élaboré la théorie de l'islamisation du Vieux Continent, et se trouvent confortés par des flux migratoires qui ne tendent pas à diminuer.

Alors, certains se réjouissent de voir les musulmans arriver en Europe, parce que selon eux, lorsqu'ils viennent en Occident, ils ne sont plus soumis à l'ambiance islamique de leur pays d'origine. Ce qui apparaîtrait alors comme une menace, pourrait en réalité devenir une opportunité.

Cependant, le pari est osé, et d'autant plus risqué qu'au travers de leurs imams et des chaînes satellitaires, ils ne sont pas totalement coupés de l'ambiance islamique de leur pays d'origine. Au lieu de parvenir à l'européanisation de l'islam, on risque bien davantage de faciliter un processus d'islamisation de l'Europe, déjà bien entamé. Et quand on sait que les mouvements islamistes ont le vent poupe dans le monde entier, cela n'augure rien de bon pour l'avenir.

Les principaux mouvements islamistes dans le monde

Le courant le plus important est certainement celui des Frères musulmans. C'est le courant le plus ancien et le plus représentatif de l'islam sunnite. Selon eux :

- il n'y a pas de vérité hors de l'islam ;
- il faut mettre dehors tous les étrangers ;
- ils ont pour devoir de « faire revivre la gloire de l'islam » ;
- ils font du martyre un vœu.

Leur credo est très politique :

- il faut préférer les produits de son pays et de ses coreligionnaires ;
- il ne faut pas mettre ses enfants dans n'importe quelle école qui n'enseignerait pas nos croyances ou notre morale ;
- il faut boycotter tous les journaux, les publications, les livres et les organisations qui s'opposent aux enseignements de l'islam.

Très politique donc, mais aussi très intolérant :

Je vous lis un extrait de leur credo qui date de 1935 : « Je crois que le drapeau de l'islam doit dominer l'humanité, et que le devoir de tout musulman consiste à éduquer le monde selon les règles de l'islam. Je m'engage à lutter tant que je vivrai pour réaliser cette mission et à lui sacrifier tout ce que je possède ».

Pour comprendre encore mieux leur état d'esprit, il est intéressant de connaître le cheik Mohammed Metawali Charaoui, qui est le cofondateur des Frères musulmans. Mort en 1998, il a été le premier téléprédicateur islamique, à la manière des télévangélistes américains. Son show télévisé était regardé par 70 millions de musulmans. Et il a été par ailleurs un éminent professeur de cette fameuse université dont on a parlé tout à l'heure : Al-Azhar. Une université qui forme de nombreux imams dans le monde entier et en France.

Ce haut dignitaire était donc censé être un érudit, quelqu'un de particulièrement cultivé. Mais en réalité, il se vantait de n'avoir lu qu'un seul livre dans sa vie : le Coran. Cet homme qui est à l'origine des Frères musulmans et qui a influencé, enseigné et formé des millions de musulmans dans le monde entier, n'avait lu que le Coran et s'en faisait une fierté !

Au départ, en 1928, les Frères musulmans sont une confrérie égyptienne, mais en 1936 un courant émerge en Tunisie, puis un courant wahhabite se développe considérablement dans les années 60. En 1962, ils créent la Ligue Islamique Mondiale, puis en 1965 : l'Organisation de la Conférence Islamique, une sorte de Nations-unies pour le monde musulman. Et pour financer leurs projets, ils fondent en 1970 la Banque Islamique du Développement. Enfin en 1979, au Pakistan, la Légion Islamique Mondiale voit le jour.

Les Frères musulmans sont également à l'origine du Hamas, un parti politique islamiste créé en 1987 et qui se bat pour l'instauration d'un État palestinien.

Et on peut aussi rappeler que Yasser Arafat avant de créer en 1959 le Fatah, une organisation politico-militaire et antisioniste, a mené de nombreuses activités politiques avec les Frères musulmans en Egypte.

Comme on peut le constater, leur développement est impressionnant. Mais ce n'est pas étonnant, parce que les islamistes peuvent compter sur d'importants moyens financiers, étant donné qu'ils récupèrent l'aumône obligatoire sur l'impôt. Fortes de cette aumône, les banques islamiques peuvent alors soutenir des organisations dites « caritatives ». Et c'est ce qu'ils ont fait pour Al Qaida, une organisation créée en 1987 et dirigée par le tristement célèbre Oussama Ben Laden !

Dans les pays musulmans, même les chrétiens soutiennent l'islamisme, bien malgré eux, en raison de ce que l'on appelle : la « dhimmitude », c'est-à-dire le statut discriminatoire des non-musulmans, qui contraint ces derniers à verser un impôt spécial. Pour les islamistes, tous les prétextes sont bons pour financer leur rêve de dominer le monde et écraser tout ce qui leur paraît « impie ». À leurs yeux, tous les non-musulmans ne sont que des « mécréants ».

Les Frères musulmans ne détiennent pas le monopole du monde islamiste. Un autre courant presque aussi important a vu le jour en Inde en 1927. Il s'agit de Daawat al Tabligh (L'appel de la proclamation). Je ne vais pas vous en faire une présentation détaillée, mais à titre indicatif, sachez que ce mouvement est présent dans une centaine de pays !

En pleine expansion donc depuis plus de 80 ans dans le monde... Qu'en est-il en France ? La France est-elle concernée et menacée par l'islamisme, ou avons-nous la même chance que pour Tchernobyl... (où paraît-il, les radiations nucléaires se sont arrêtées à nos frontières) ? L'islamisme est-il influent en France ?

Malheureusement, cette fois la menace ne s'est pas arrêtée à la frontière de l'Union européenne et de l'Hexagone. Tous ces mouvements précités sont implantés en Europe et notamment en France.

En 2003, la commission Stasi, installée par le président de la République, affirme sans la moindre ambiguïté que « des groupes extrémistes sont à l'œuvre dans notre pays, pour tester la résistance de la République et pour pousser certains jeunes à rejeter la France et ses valeurs ». Bien que minoritaires pour le moment, ils sont chaque jour plus nombreux à rêver remplacer notre Constitution par le Coran !

Concernant plus particulièrement le mouvement Daawat al Tabligh, les policiers des Renseignements généraux déclarent : « il est certain que les convertis, déjà imprégnés de l'intégrisme religieux du Tabligh, constituent un vivier où viennent piocher les islamistes djihadistes ».

Pour mieux s'en convaincre, en mars 2004, une équipe de journalistes de Canal +, a souhaité interviewer des responsables de ce mouvement. Face au refus, l'équipe s'est rendue, dotée d'une caméra, à la porte d'un château en Seine-et-Marne, qui héberge une branche du Tabligh, dénommée « Foi et Pratique ». Le responsable, Mohammed Hammami, qui siège au Conseil Français du Culte Musulman, est sorti et a littéralement tabassé le preneur de son, Jérôme Florenville. Celui-ci passera huit jours à l'hôpital.

Par ailleurs, vous connaissez tous l'Union des Organisations Islamiques de France (L'UOIF), qui rassemble plus de 300 associations islamiques, constituant ainsi le mouvement islamique le plus important en France. L'UOIF est la branche la plus importante du CFCM (le Conseil Français du Culte Musulman), l'unique organe officiel de dialogue avec l'Etat.

Cette voix incontournable du monde musulman en France n'est autre que la voix des Frères musulmans. D'ailleurs, en 2004, le guide suprême des Frères musulmans en Egypte : Mohamed Mehdi Akef, a déclaré qu'il comptait sur l'UOIF pour empêcher le vote d'une loi sur le foulard. Quant au très médiatique prédicateur Tariq Ramadan, il n'est autre que le petit-fils du fondateur des Frères musulmans en Égypte. Comme partout où ils sont présents, les Frères musulmans revendiquent l'application de la charia (la loi islamique) et n'ont d'autres objectifs que d'amener les peuples et les nations à la soumission envers Allah.

Tous les courants islamistes ont leur lieu de culte en France. A titre d'exemple, le mouvement Daawat al Tabligh possède 163 mosquées en France, ce qui en fait la seconde mouvance, derrière l'UOIF. Quant aux Frères musulmans, au travers de l'UOIF, ils contrôlent plus de 200 mosquées.

D'une manière générale, le nombre de mosquées ne cesse de croître. En 1985, on recensait 913 lieux de culte. En 2006, il y en avait 2147 et il y aurait aujourd'hui quelque 2000 projets de construction de mosquées. A ce rythme, la deuxième religion de France pourrait dépasser le catholicisme et donc le christianisme, avant la fin du XXIe siècle. D'autant que chaque année depuis 30 ans, la France accueille en moyenne 317 000 immigrés supplémentaires, la plupart de confession musulmane.

Dans le domaine de l'éducation

Huit écoles coraniques sont implantées en France (madrasa) dont un « CNED islamique » (centre d'enseignement à distance). Autrement dit, n'importe quel musulman, où qu'il soit basé en France peut recevoir l'enseignement radical, antidémocratique, antirépublicain et antiaméricano-sioniste d'une école coranique.

Sur le plan politique, le Parti des Musulmans de France (PMF) a été créé en 1997 à Strasbourg. Selon les informations que j'ai pu récupérer, il compte quelque 2000 adhérents. Et si je vous lis quelques lignes de son programme, vous allez rapidement comprendre sa vision et ses projets pour la France :

- Pas de collaboration avec les americano-sionistes ;
- « Aucun parti ou homme politique actuellement en place ne mérite de parler au nom des musulmans de France. Il faut que cela change et que la résistance s'organise. » ;
- Le CRIF (Conseil Représentatif des Institutions juives de France) n'a pas sa place dans notre République et doit être interdit par le ministère de l'Intérieur.

Toujours sur le plan politique, nos élus ont commis une erreur fondamentale dans les années 90. Une erreur qui nous coûte cher encore aujourd'hui ! Il y a une vingtaine d'années, ils ont cru bon de donner les clés des banlieues aux grands frères islamistes, en échange de l'abandon des incendies de voitures. La République a fait le très mauvais pari d'acheter la paix sociale…

Non seulement, aujourd'hui les islamistes influencent considérablement certains quartiers, mais plus encore cela n'a pas empêché les incendies de voitures ! Désormais, la France possède des centaines de zones de non-droits, des centaines de quartiers où l'on prêche la rébellion et la résistance.

En 1995, un rapport des RG (Renseignements généraux) fait froid dans le dos. Ils ont listé plus de 210 associations dont une vingtaine liées à des mouvements islamistes armés, qui réalisent tranquillement leur prosélytisme sous couvert de « buts socio-éducatifs ou culturels ».

Donner du pouvoir aux islamistes ne pouvait en aucun cas être une solution, et c'est pourtant ce que la République a malheureusement décidé.

Pour l'anecdote, en 2003, lorsque Martine Aubry, aujourd'hui première secrétaire du Parti socialiste, se rend dans un quartier de Lille où la majorité des habitants est de culture musulmane, un imam l'accueille publiquement en lui disant : « les musulmans vous souhaitent la bienvenue dans leur quartier »…

Telle est la situation en France : certains quartiers sont aux mains des islamistes. Dans les écoles, on se bat pour le port du voile et le retrait des sapins de Noël ; dans les lieux publiques, on s'en prend à tout signe chrétien jugé offensant ; dans les piscines, on réclame des créneaux horaires réservées aux femmes musulmanes ; dans les hôpitaux, on refuse que des hommes soignent des femmes musulmanes ; dans les prisons, le prosélytisme bat son plein au point que les cellules deviennent de formidables bureaux de recrutement ; certains demandent à remplacer le dimanche par le vendredi, d'autres ne veulent pas enterrer leurs morts aux côtés des mécréants et réclament des cimetières musulmans ; et concernant la justice, on réclame des tribunaux islamiques… L'islamisme impose un bras de fer permanent avec la République !

Quand on sait que Nicolas Sarkozy avait déclaré le 20 juin 2002 qu'il ne laisserait pas « l'intégrisme s'asseoir à la table de la République »… 7 ans plus tard, il y a de quoi soupirer !

Alors certes, sur les 5 millions de musulmans en France, il n'y aurait que 55 000 islamistes. Mais pour bien comprendre que ce chiffre est malgré tout très élevé et pour le moins préoccupant, comparez-le aux évangéliques.

En France, les protestants évangéliques sont environ 450 000. Soyons généreux et disons que 10% d'entre eux sont véritablement engagés dans leur mission d'annoncer l'Évangile. 10% c'est 45 000 personnes. Il y a donc plus d'islamistes actifs en France que de protestants évangéliques engagés !

Lorsque l'UOIF organise sa convention annuelle, il ne s'adresse pas à quelques centaines de personnes ou à quelques milliers de farfelus. Cette année, du 10 au 13 avril, ce sont plus de 150 000 musulmans qui ont participé à leur rencontre au parc des expositions de Paris Le Bourget. 150 000 personnes… C'est deux fois le stade de France à guichets fermés ! Et chaque année, ils sont plus nombreux. L'affluence a quasiment doublé en trois ans, puisqu'en 2005, ils étaient quelque 80 000 personnes.

Si nous n'osons rien dire et rien faire alors qu'ils ne sont que 3% de la population européenne, qu'en sera-t-il lorsqu'ils seront 10% ? Et que ferons-nous si 70 millions de musulmans turcs rejoignent l'Union européenne ? (Ce qui, au passage, risque de nous tomber dessus, dans une décennie ou deux.)

Oui, les musulmans ont le droit de pratiquer leur culte en France et dans tout l'Occident, car nous croyons à la liberté de religion et de pensée. Et ils ont ce droit, malgré le fait qu'ils se refusent pour leur part, à toute idée de réciprocité.

Oui, nous devons aimer les musulmans. C'est-à-dire ne pas condamner l'islam et ne pas les provoquer en dénigrant leurs croyances ou leur prophète. Nous devons éviter à tout prix de créer une opposition radicale et agressive, et nous sommes appelés à être des ouvriers de paix. Mais la liberté de religion, l'amour et le respect que nous leur devons ne doivent pas nous empêcher de rappeler que la France et l'Europe ont une identité judéo-chrétienne, et qu'il n'en sera pas autrement !

Nous avons pour devoir de proclamer et de défendre les valeurs de l'Évangile et de condamner fermement toute emprise du pouvoir par les islamistes. Aujourd'hui, les islamistes ont le champ libre, parce que :

- les valeurs chrétiennes sont piétinées ;
- la France et l'Europe développent la culture du relativisme et perdent leur identité ;
- l'Occident privilégie les intérêts économiques à la défense des droits de l'homme. Il est évident qu'il est plus difficile de hausser le ton ou de faire des requêtes lorsqu'il y a des milliards de dollars en jeu… On hausse le ton contre les crimes perpétrés par la Serbie dans les Balkans, mais on se tait sur les violations des droits en Arabie Saoudite, en sachant bien que pèsent, dans le second cas, les commandes liées au pétrole. On doit reconnaître que l'Occident a un grand respect des droits de l'homme, mais un respect plus grand encore des profits matériels. Si la protection des droits de l'homme suppose le sacrifice des profits, on a coutume de renoncer aux droits et non pas aux profits ;
- la France, haut lieu de la laïcité, pour ne pas dire du laïcisme, contourne sans honte la loi de 1905 pour participer joyeusement, à coup de millions d'euros, à la construction des mosquées…

Au début des années 90, le ministre de l'Intérieur, Philippe Marchand, apparenté au Parti socialiste, recommandait aux communes d'aider financièrement l'islam en incitant à la création d'associations de loi 1901. Dans un rapport parlementaire daté du 10 mai 1991, on peut lire :

« Les communes peuvent subventionner les projets mixtes qui comportent à la fois un lieu de culte et d'autres locaux à usage divers (culturel, social, associatif, etc.). Compte tenu des restrictions imposées aux associations cultuelles par la loi de 1905, de tels projets ne peuvent être menés à bien que par des associations de loi 1901 ».

Plus près de nous, en décembre 2005, Jean Glavany, secrétaire national à la laïcité au sein du Parti socialiste, répond à une interview dans *La Nouvelle République* des Pyrénées. Il déclare : « Être un bon laïc, c'est encourager la construction de mosquées en France ».

Et aux paroles bien sûr, les actes suivent… :

- à Clermont-Ferrand, une mosquée de loi 1901 dispose d'un minaret de 16 mètres de haut ;
- l'UOIF construit actuellement une « mosquée-cathédrale » à Poitiers pouvant accueillir plus de 1200 personnes. Pour cela, la mairie socialiste leur accorde une subvention de 150 000 euros ;
- à Marseille, l'UOIF a construit un immense centre culturel. La mairie leur a cédé gratuitement le terrain ;
- à Woippy, le député-maire UMP François Grosdidier a offert 3 millions d'euros pour la construction d'un centre interculturel qui héberge un lieu de culte. Un centre culturel créé par l'Association Islamique Clémence, une association membre de l'UOIF ;
- le conseil régional d'Alsace a voté une subvention de 420 000 euros pour la construction de la Grande Mosquée de Strasbourg. La même mosquée recevra 506 000 euros de la part du conseil général du Bas-Rhin ;
- le 12 septembre 2005, le conseil municipal de la mairie UMP de La Rochelle a voté une subvention de 276 000 euros afin de doubler le volume de la mosquée ;
- pour sa prochaine restauration, la Grande Mosquée de Paris va recevoir deux millions d'euros de la part de la mairie de Paris et 600 000 euros de la part du conseil général de Paris.

Et ce ne sont là que quelques exemples…

Oui, faire face à l'islam, et plus encore l'islamisme, présente un sacré défi à relever. Quelle attitude devons-nous adopter face à cet état des lieux pour le moins préoccupant ? :

- les islamistes ciblent en priorité les jeunes en déstructuration identitaire. Il appartient donc aux chrétiens de promouvoir les valeurs de l'Évangile et les repères nécessaires pour aider cette nouvelle génération désenchantée et en quête d'identité. Le relativisme actuel qui caractérise l'Union européenne est une porte incroyable que l'on ouvre aux islamistes ;

- si l'islamisme se développe et séduit toujours plus de jeunes, c'est aussi en raison de l'échec total de la politique d'intégration de la France. Les Églises doivent jouer un rôle dans l'accueil et le soutien des étrangers. Et pour cela, les Églises doivent guérir d'un certain racisme toujours présent. Oui, le racisme existe même parmi les croyants authentiques, ce qui est totalement inacceptable, car en contradiction avec le message chrétien d'amour pour tous les hommes ;

- l'islamisme tente d'imposer l'islam dans le champ politique. Le devoir des chrétiens est de rappeler que la France, aussi laïque soit-elle, s'est construite et doit poursuivre son développement sur les valeurs chrétiennes. L'islamisme s'est engouffré dans toutes les sphères désertées par les chrétiens. Où est l'audace chrétienne en politique ? Où est la voix chrétienne dans le débat public ? Les chrétiens ne sont pas appelés à s'enfermer dans leurs clochers. Les chrétiens doivent s'intéresser à la société dans laquelle ils vivent et faire entendre leur message spécifique. Serions-nous résignés à laisser tout le champ libre aux islamistes ? Au sein de l'UE, c'est très étonnant de réaliser que 15 millions de musulmans savent mieux se faire entendre que 362 millions de citoyens qui se revendiquent du christianisme. N'y aurait-il pas un problème de mentalité au sein du christianisme ? ;

- je suis toujours étonné d'entendre les discours fatalistes qui prédominent dans la sphère chrétienne et particulièrement chez les protestants évangéliques. Le fatalisme n'est-il pas le contraire de la foi ? L'Évangile est-il pertinent au XXIe siècle ? Si nous le croyons, il nous appartient aussi de le démontrer de manière concrète à nos contemporains. Soyons investis dans la société et ne nous enfermons pas dans nos petites bulles ecclésiales, aussi chaleureuses soient-elles !

ANNEXE 3

Pétition pour la liberté religieuse au Maroc

Parmi ses nombreuses activités, l'Union des Nord Africains Chrétiens veille au respect de la liberté religieuse en Afrique du Nord. Au mois de mars 2010, la situation s'est considérablement dégradée pour les chrétiens marocains. Face à cette vague de répression, le pasteur Saïd, d'origine marocaine, et le journaliste Paul Ohlott ont publié une lettre ouverte et lancé une pétition au nom de l'Union des Nord-Africains Chrétiens de France. En l'espace d'une semaine, plus de 2000 personnes ont signé la pétition.

À l'attention de M. l'Ambassadeur du Maroc en France

GARANTIR UNE AUTHENTIQUE LIBERTE RELIGIEUSE A L'ENSEMBLE DES MAROCAINS

MONTRER AU MONDE ENTIER QUE LE MAROC EST UNE TERRE D'OUVERTURE ET DE TOLERANCE

Au mois de janvier de cette année, une rencontre en faveur de « la tolérance religieuse à travers les traités internationaux sur les droits de l'homme », s'est déroulée à Rabat, entre différents acteurs de la société civile du Maroc et de Mauritanie.

À cette occasion, le président du Centre des Droits des Gens (CDG), Jamal Chahdi, a souligné l'importance de la coexistence en dépit de la différence de couleur, de sexe, de langue, d'origine ou de religion, ajoutant que les traités internationaux stipulent la liberté du culte.

Cette rencontre traduisait une volonté manifeste de réaliser un effort en faveur de la liberté religieuse, et laissait présager des lendemains meilleurs pour les Marocains chrétiens. Nous avons donc été profondément émus et choqués par les événements qui ont secoué le royaume ces dernières semaines.

Des événements qui ne manqueront pas, malheureusement, de créer de « nouveaux obstacles » au dialogue islamo-chrétien, et de nouvelles tensions à l'échelle internationale.

Nous vous prions de tout mettre en œuvre, dès à présent, afin de garantir une authentique liberté religieuse à l'ensemble des Marocains.

Nous vous prions instamment de ne plus considérer les chrétiens marocains comme un danger pour le pays, et de ne plus procéder à leurs arrestations.

Nous vous encourageons à montrer au monde entier, de manière concrète, que le Maroc est une terre d'ouverture et de tolérance, une terre où les droits de l'homme sont respectés et où chaque citoyen peut suivre la religion de son choix.

Veuillez agréer, votre Majesté, Messieurs les Ministres, M. l'Ambassadeur et M. le Député, nos remerciements les plus sincères, pour tout ce que vous entreprendrez en ce sens.

Pasteur Saïd, d'origine marocaine
Union des Nord-Africains Chrétiens de France

Paul OHLOTT, *Journaliste*
Actu-Chretienne.net

ANNEXE 4

Revue de presse

L'essor discret des conversions de musulmans

Quelques centaines de baptêmes sont célébrés chaque année. Les convertis doivent souvent surmonter les pressions de leur entourage. (...) Pour se soutenir les uns et les autres, des groupes de prières protestants appelés « Oasis » ont été créés il y a quelques années. Il en existe une petite trentaine, répartis sur toute la France. « Les demandes de participation sont en constante augmentation », estime le pasteur évangélique Saïd Oujibou, un des rares musulmans convertis au christianisme, qui n'hésite pas à prendre la parole en public. Venant d'un islam rigoriste, il avait lui-même, avant sa conversion, effectué de fortes pressions sur une de ses sœurs attirée par le Christ. « Un de nos frères l'a obligé à arracher les pages de la Bible une à une », raconte-t-il. (…) Avec sa femme Fatima, elle aussi convertie, ce « pasteur itinérant » sillonne la France pour coordonner et animer le réseau Oasis. « Vous ne pouvez pas imaginer les pressions qu'il subit », affirme un de ses proches. Le pasteur Oujibou passe outre. Éducateur et « Consultant en violence urbaine », il continue à proclamer que « L'Évangile est le seul espoir de nos banlieues » et à encourager d'autres convertis venus de l'islam. (…).

***Le Figaro*, 13 avril 2006. Auteur : Sophie de Ravinel**

Du Croissant à la Croix

Enfant, Saïd est « un bon petit soldat de l'islam ». Quatrième d'une fratrie de onze, il embrasse la tradition familiale et pratique un islam engagé, « voire radical ». (...) Son entourage diabolise le christianisme, compare les fidèles à des idolâtres. Alors forcément, lorsque ses parents découvrent qu'il lit la Bible en douce, c'est la guerre chez les Oujibou. (...) Pas si fréquent qu'un musulman fasse son « coming out » religieux sur scène. (...) C'est aussi du pain bénit pour les évangéliques. Saïd est un ambassadeur inespéré. (...) L'artiste trimbale son récit dans les banlieues. Son enfance marquée par le racisme, la violence... Parcours typique du déraciné pris en étau entre deux cultures.

***Paris Obs*, 15 février 2007. Auteur : Louise Couvelaire**

Nés musulmans, ils ont renoncé à l'islam

Considérée comme une offense suprême dans les États islamiques, la « sortie de religion » concerne un nombre croissant de musulmans en France. Athées ou convertis à une autre religion, ils sont de moins en moins en rupture avec leur milieu culturel d'origine. (...) Arrivé très jeune ou née en France il y a une quarantaine d'années, Saïd Oujibou et Noura font la même chronique désenchantée du choc culturel qu'ont vécu leurs parents musulmans au sein de la société française : une mère au foyer souvent illettrée, soumise à l'omnipotence du père qui travaille dur pour nourrir la fratrie et trouve quelque réconfort à fréquenter la mosquée aux côtés des siens les jours de congés.

Des pratiques métisses

Saïd, né au Maroc, a grandi dans les Vosges : « Je vivais une violence permanente de la part des voisins racistes, de la police, à l'école, se souvient-il. L'islam était naturellement un refuge. Je m'y suis vraiment intéressé, en étudiant les textes ». Mais il ne ressent aucune intimité avec Dieu : « Mes prières ne dépassaient pas le plafond... ». (...) Pourtant, « la première fois que je me suis senti aimé en France », c'est bien dans une église, quelques années plus tard. (...) Après sa conversion, Saïd, désormais pasteur évangélique itinérant, dit avoir subi une « vraie persécution psychologique des potes ». Son grand frère, proche des Frères musulmans, coupe les ponts. Mêmes réactions quand Noura, d'origine algérienne, se déclare : « C'est la honte maximale pour ma mère. Dans certains pays, des gens sont tués pour ça ».

***Le Monde des Religions*, septembre 2009. Auteur : Maïté Darnault**

Télévision, *Complément d'enquête* : Le malaise des chrétiens face à l'islam

« Il est devenu impossible de parler librement de l'islam en France en 2006 ». Sébastien Vibert, rédacteur en chef adjoint du magazine *Complément d'enquête*, en a fait l'amère expérience en préparant le numéro (…) diffusé ce soir, sur les relations entre les confessions chrétiennes et la religion islamique. (...) Pas facile, non plus, de témoigner à visage découvert, lorsque l'on fait partie de ces 10 000 anciens musulmans de France convertis au christianisme. La plupart des personnes contactées par les journalistes n'ont accepté de parler qu'à la condition d'être floutées ou masquées. Par peur des représailles de leur entourage ou de leur communauté car ils ont commis, aux yeux des rigoristes, le pire des crimes : l'apostasie. « L'islam n'admet pas que l'on abjure sa religion, explique Benoît Duquesne. Ces convertis vivent souvent dans le secret. De son côté, l'Église catholique cultive aussi la discrétion, elle ne court pas après les musulmans. » Rares sont les convertis qui osent révéler leur conviction, comme Saïd Oujibou, un pasteur évangélique d'origine marocaine qui sillonne les routes de France pour dire sa foi haut et fort. Les églises chrétiennes évangéliques n'ont pas les réticences de l'Église catholique.

***Le Figaro*, 13 novembre 2006. Auteur : NC**

Les évangéliques maghrébins : Ex-musulmans devenus supporters du Christ

Ancien éducateur et musulman radical, Saïd est aujourd'hui consultant en violence urbaine, comédien et pasteur évangélique. Comme plus de dix mille Maghrébins en France, il s'est converti au christianisme.

« Conversion ne veut pas dire occidentalisation », annonce Saïd en préambule. Une réponse préventive sans doute aux critiques auxquelles il doit encore faire face régulièrement. Pas simple de passer de l'islam au christianisme ! « Pour beaucoup, on est des apostats, des traîtres. On nous insulte, on nous crache dessus. Certaines filles doivent fuir de chez elles. Un de mes amis vient de se faire balafrer. Moi je respecte les gens et les aime ». Saïd aime souligner ses origines qu'il n'a jamais reniées : « Je suis marocain, berbère, et je mange toujours le couscous avec deux doigts ! ». (...) Il y a dix-sept ans déjà, il embrassait le protestantisme. (…) Aujourd'hui, il prêche aux quatre coins de France et rencontre chaque semaine de nouveaux convertis. (...) Dix mille Nord-Africains ont déjà rejoint le christianisme, dont quatre mille l'Église évangélique. (...) Saïd lit la Bible, avant que sa mère ne la lui arrache, et il y découvre des « paroles d'amour ». « Aimez vos ennemis, bénissez ceux qui vous maudissent... je n'avais jamais vu ça nulle part ailleurs ». (...) Pour lui, aujourd'hui, le sacrifice de l'Agneau de Dieu sur la croix a assurément plus de sens que celui du mouton de l'Aïd !

***Le Courrier de l'Atlas*, décembre 2007. Auteur : Yann Barte**

Du Coran aux Évangiles : les convertis se rencontrent à Paris

Des chrétiens d'origine nord-africaine se sont rassemblés le week-end du 1er mai près de Paris. En majorité protestants, ces ex-musulmans réfléchissent au rapport avec leur ancienne religion. Ils seraient près de dix mille en France et leur nombre ne cesserait de croître. Et pourtant… « Chaque chrétien originaire du Maghreb ou du Moyen-Orient que je rencontre est persuadé d'être seul dans son cas ». Ayant fait ce constat, Saïd Oujibou a imaginé une rencontre pour les chrétiens d'Afrique du Nord. (…) Marocain d'origine, Saïd Oujibou est pasteur évangélique et porte-parole de ces chrétiens de culture orientale, qui rappellent qu'arabe ne veut pas forcément dire musulman.

Durant trois jours, huit cents personnes ont pris part à cette rencontre, élargie pour la première fois aux dimensions de l'Europe, avec des chrétiens évangéliques, venus de France, d'Espagne, d'Allemagne, de Suisse, de Belgique ou encore d'Angleterre. (...) Le lendemain, à Passy-

Buzenval, les échanges s'avéraient beaucoup plus directs. (...) Selon Paul Ohlott, conseiller national du Parti républicain chrétien, « Bruxelles pourrait devenir la première capitale européenne à majorité musulmane d'ici à vingt ou trente ans ». Interrogé à l'issue de ces interventions, Saïd Oujibou concluait : « Nous aimons les musulmans. Mais nous demandons la réciprocité : qu'un musulman ait le droit de se convertir au christianisme et qu'en terre musulmane, des églises puissent être construites ».

***Famille Chrétienne*, 9 mai 2009. Auteur : Benjamin Coste**

Ces musulmans qui se convertissent

Chaque année en France, quelques centaines d'hommes et de femmes de tradition musulmane se tournent vers une autre religion. Malgré les difficultés à vivre leur foi nouvelle, ils ne souhaitent pas couper les ponts avec leur culture d'origine. (...) Saïd et Fatima ont choisi le protestantisme. Le jeune couple vit sa nouvelle religion de façon épanouie et sans rompre avec son identité maghrébine. (...) Saïd, un beur marocain de 34 ans, et Fatima, une beurette algérienne de 33 ans, se sont mariés selon le rite protestant alors qu'ils avaient déjà abandonné l'islam chacun de leur côté, une dizaine d'années auparavant. Saïd a vécu dans un quartier défavorisé de l'est de la France avant de devenir éducateur à Trappes (Yvelines).

(...) « J'ai grandi dans une cité, j'ai ressenti le racisme et l'exclusion. Dieu m'a appris à aimer. Après ma conversion, je me suis réconcilié avec tout le monde. J'ai changé de caractère ». Saïd se souvient des rencontres étonnantes au sein de sa nouvelle Église. Il s'est lié d'amitié avec un juif converti et un skinhead, passé de la haine à l'amour grâce à Jésus. (...) Leurs parents ont assisté à leurs noces, mais certains de leurs frères ont boycotté la cérémonie. « Dans 80% des cas, il existe une opposition initiale, mais au fur et à mesure, quand la famille s'aperçoit qu'il s'agit d'une réelle adhésion, les relations s'apaisent ».

Selon ce couple, leur conversion n'entame en rien leurs racines arabes. Ils souhaitent faire comprendre qu'ils ne sont pas des « harkis spirituels ». « Conversion ne veut pas dire occidentalisation. La Bible est née en

Palestine, c'est juste un retour aux sources ». D'ailleurs, les protestants d'origine musulmane se retrouvent tous les mois pour chanter des cantiques, en français, en berbère et en arabe.

***Le Figaro Magazine*, 24 mai 2003. Auteur : Aziz Zemouri**

Au Maroc, des chrétiens évangéliques jugés indésirables

La pression sur les chrétiens s'accroît au Maroc. Le gouvernement multiplie les expulsions d'étrangers et les descentes de police dans les réunions bibliques souterraines de marocains convertis. Seuls les évangéliques semblent pour le moment visés. (…) Selon la Constitution marocaine, l'islam est religion d'État. Mais la loi dit aussi garantir la liberté de culte tant qu'il ne se pratique pas de prosélytisme. Le Maroc tolère en effet la présence d'étrangers chrétiens rattachés à l'Église catholique et à l'Église évangélique officielles. Mais si ces Églises sont libres de célébrer leur culte, elles n'ont pas le droit d'accueillir des marocains musulmans convertis au christianisme.

(…) Paul Ohlott, journaliste pour le site Internet évangélique Top Chrétien, rappelle qu'« une quarantaine d'humanitaires chrétiens non marocains ont été expulsés depuis quelques semaines. Cette vague d'expulsions est une nouveauté. Les chrétiens marocains eux, ont l'impression que cette série de "persécutions" n'est qu'un prétexte du gouvernement pour s'attaquer à eux. Les descentes de police dans des réunions bibliques entre marocains sont fréquentes ». Il considère que le gouvernement se durcit, notamment parce qu'« il est inquiet des conversions au christianisme, qu'il estime de plus en plus nombreuses ».

***Famille Chrétienne*, 19 mars 2010. Auteur : Claire Frangi**

Remerciements

Mes remerciements à ma merveilleuse épouse Fatima pour tous ses conseils pertinents, et à mes précieux enfants.

Un grand merci à Paul Ohlott pour ce livre dont il est à l'initiative. Il est un journaliste d'une grande finesse et d'une grande précision. Un frère patient et authentique. (Salutations à Cynthia, ta charmante épouse !).

Merci également aux préfaciers qui ont marqué ce livre de leur empreinte : Louis Daufresne, Antoine Nouis, Patrick Giovannoni, Carlos Payan, Alain Noël, Jacques et Claire Poujol, ainsi que le frère Smail.

Merci à tous les ministères d'encouragement que Dieu a mis sur ma route, particulièrement l'équipe d'Agape Mosaïque et tous ceux qui gravitent autour de ce mouvement.

Merci également aux nombreux ministères de découragement, parce qu'ils m'ont conforté dans l'appel que Dieu a déposé dans mon cœur !
Merci au Christ, qui occupe la première place dans ma vie.

Merci à tous ceux qui prient et intercèdent pour mon peuple. Que Dieu entende vos supplications et vos larmes pour le Salut des âmes.

Merci de nous garder dans vos prières, car sans vous, cette mission serait impossible.

Pasteur Said, qui vous aime

Sommaire

Préfaces Plurielles	3
Introduction	19
Présentation des auteurs	21
CHAPITRE I Du bled à la Lorraine	23
CHAPITRE II Fatima, Jésus et moi	31
CHAPITRE III Ces musulmans qui deviennent chrétiens	55
CHAPITRE IV Ces Français qui sont attirés par l'islam	65
CHAPITRE V L'islamisme en France et dans le monde	73
CHAPITRE VI Pour une Eglise de proximité dans les cités	83
ANNEXE 1 – IMMIGRATION – Une politique humaine et rationnelle	91
ANNEXE 2 – L'ISLAM – Quel défi pour les chrétiens ?	101
ANNEXE 3 – Pétition pour la liberté religieuse au Maroc	115
ANNEXE 4 – Revue de presse	117
Remerciements	123

LIBERTE, EGALITE, COUSCOUS !

Découvrez l'insolite parcours de Saïd sous la forme d'un One Man Show ! *Liberté, Egalité, Couscous* est un spectacle qui s'adresse à tous les publics, que l'on soit « bouddhiste, athée, musulman, catholique, évangélique, réformé et même déformé ! », se plaît-il à rappeler.